Sarah Kirsch

Landwege

Sarah Kirsch
Landwege

Eine Auswahl 1980–1985
Mit einem Nachwort
von Günter Kunert
und 15 faksimilierten
Autographen

08/01

Deutsche Verlags-Anstalt
Stuttgart

Die Texte sind ausgewählt aus den in der Deutschen Verlags-Anstalt erschienenen Bänden »La Pagerie« (1980), »Erdreich« (1982) und »Katzenleben« (1984). Die letzten neunzehn Texte erscheinen hier zum erstenmal.

1980

La Pagerie

Im Garten von La Pagerie, einem Schlößchen an der Stelle, wo die Camargue in die Provence überläuft, sitzt eine rot gebrannte Dame und liest in einem Buch seit hundert Jahren die gleiche Seite. Derart versunken hat der Efeu sie überwachsen. Der Wind bewegt ein einzelnes Blatt auf ihrem Finger. Der endlose Himmel die verwirbelten Wölkchen darin, der uralte Mann auf dem Trecker von 1902 – verwunschenes Lachen.

Das ist kein Hotel. Hier gibt es nur unsern Patron und Thibalde, den Hund. Monsieur holt mit dem Auto Croissants Milch und Butter, deckt den Frühstückstisch wenn wir noch schlafen. Er besorgt das Haus allein, kocht Ratatouilles und wirft uns abends im wild verwachsenen Hof Licht an wenn wirs vergaßen. Hat Wein für uns. Trinkt selber keinen. Wir haben die schöneren Zimmer.

Mittags kommen die Falter. Buntes Seidenpapier, zarte Drachen in Rosa Rot Gelb. Sie segeln im Hof vor blaßblauen Blüten, bis der Wind sie durchs Tor bläst. Thibalde naht legt sich zu Füßen. Er ist alt und die Welt sieht verschwommen aus, wo fiel der Stock hin. Beim Apportieren tun ihm die Zähne weh. Die Zikaden reden dreistimmig, werden immer schneller, überschlagen sich. Mein Freund unter der östlichen Platane schreibt ein Klavierkonzert. Er hat das Aussehen eines irischen Löwen und knirscht mit den Zähnen wenn er mich anblickt.

Am Schloßtor steht eine grüne Hortensie. Grüne Blätter, grüne Blüten. Wenn sie die Blätter hängen läßt, nehme ich eine Plastikkanne und renne nach Wasser. *Königin Hortense.*

Ich Königin Pastis. Der Pastis steht im Kühlschrank neben dem Kamin, im Wintergarten. Der Weg führt durch einen verwüsteten Raum mit restaurierten Bilderrahmen, einer heruntergefallenen Landschaft, goldenen Simsen verschwundener Schränke. Schließkörbe sperren das Maul auf, Tischchen mit metallenen Bommeln stehn faul in der Sonne, tragen riesige Bindfadenknäule und eine gefährliche Schere. Die Eiswürfel liegen fünfzig Meter entfernt in einer Truhe.

Wir fuhren wie am vorigen Tag durch die Mittagsglut auf einer doppelten Platanenallee. Die Rinde der Bäume mit Landkartenmustern, Avokadogrün, Melonengelb, die Schatten und Sonnenflecken auf der Chaussee in dieser hirnverbrennenden Sonne zauberten pointillistische Bilder vor Augen.

Wir waren auf dem Weg nach St. Remy etwas über Vincent erfahren im Kloster des Heiligen Paul hinter den Mauern. Und sahen die sich verschleudernden Blumen, oftmals den glühenden Hibiskus, aber nirgends V.s Zelle. Alles war anderen Zwecken gewichen. Der Kreuzgang wurde gescheuert, es bimmelte ein Glöckchen. Ein Gesang hob an, seltsame Stimmen umschlangen sich, erst klang es fromm, später betrunken. Kinder heulten hinter verschlossenen Türen.

Der nahegelegene Steinbruch voll Thymian zwitschernder Schlangen war von den Römern benutzt worden, einen kühnen Arc de Triomphe auf den Asphalt zu stellen. Hindurch nach Les Baux! Auf dem Tafelberg mußten die Autos abgestellt werden. In der Sonne umsonst, dann kann man nachher das Lenkrad nicht halten, und wir hatten Mäuse im Handschuhfach.
Ein Drehkreuz wie in jedem beliebigen Supermarkt schob uns in die geschleifte Bergstadt. Unser neumodischer Baedeker aus dem Laden am Zoo wollte weismachen, Richelieu hätte hier ein wahres Sündenbabel, ein Hollywood namhafter Troubadoure und Callgirls geräumt. In Wahrheit ging es den Protestanten ans Leben. Der Himmel war poliert, das Licht frisch geschärft, die Schatten der Ölbäume in der Ebene lagen kreisrund unter denselben. Die Menschen krochen mit hochhackichten Schuhn die heißen steilen Stufen zu den Felswohnungen auf; Belgierinnen verzogen schmerzhaft den Mund, wenn sie die übriggebliebenen Erker erreichten.
Die Sonne brannte ungehalten, und nachdem wir in einer rechten Knoblauchküche Wachtel und Hase gegessen, fuhren wir schnell noch Alphonse besuchen.

Wir parkten unter dem letzten freien Pinienbaum, steckten die Mäuslein ein und liefen durch ein Tal auf die Mühle zu. Daudet läßt in der Diele sein Porträt, Ansichtskarten des Hauses und die verschiedenen Auflagen seiner Bücher verkaufen. Die Menschen drängelten wild, Mühlenlampen flackerten, Mühlenspieluhren spielten *Frère Jacques* wenn man die Flügel bewegt, und von Zeit zu Zeit meckerte die weiße Ziege des Herrn Seguin böse vom Tonband. Daudet sitzt im oberen Stockwerk zwischen den Rädern und Hebeln der Mühle, trinkt Châteauneuf-du-Pape, rechnet dem Uhu die Einnahmen vor. Gottseidank ist er nicht mehr gezwungen, irgendein Amt anzunehmen, er ist frei! Wir wurden dauernd von Touristen unterbrochen, die einen Blick auf uns warfen, Autogramme verlangten, auch mal von mir, konnten uns dennoch gut unterhalten. Über die Ziege gings hin und her. Lieber weg in die Berge, selbst wenn man vom Wolf weiß; lieber mit dem eine Nacht kämpfen, als angebunden an einer Stelle. Da warn wir uns einig.

Im Schloßhof stehen die weißen Tische, sitzen die Stühle mit ihren rosa Pfefferminzplätzchenkissen, Licht wird verschwendet. Das Hündchen liegt da als ein Bettvorleger, knurrt und stinkt. Grünes Pergament in den Bäumen, jedes Blatt mit über dreißig Zipfelchen.

Nach dem Gewitter glänzt die Landschaft im Spiegel. Die Blätter die Bäume Häuser Berge haben ein schwarzes Rändchen und heben sich wieder ab voneinander. Es gibt zehn Grautöne mehr und eine Aussicht bis ans Ende der Welt. Der Mont Ventoux liegt vor der Tür. Der Mistral hat die Wolken zerstückelt, die kleinen Vliese verkugelt und aufgewickelt. Wollene Tiere purzeln über die Himmel. Abgeerntete Felder von glühendem Knöterich verzehrt. Riesenwegwartenbüsche und Sträuchlein – Pflanzen mit so dünnen grauen Stengeln, kräftigen zartblauen Blüten, daß sie wie Rauchwolken über der Erde schweben. Erdrauch müßten sie heißen, und so heißen sie auch.

Monsieur hat ein Gewehr neben dem Telefon. Für den Fall, daß er im Winter eingeschneit ist und Vagabunden das Tor aufsprengen, fliegende Hunde, unwiderstehliche Damen. Außerdem gehört ein Gewehr zu einem Anwesen, in dessen Galerien ohne Treppen Eulen wohnen, spanische Seiltänzer auf der Durchreise sich in Buchsbaumrabatten erstechen, die Müllabfuhr mit hundeschnäuzigem Citroën eines Tags in den Hof kommt, den alten Thibalde abholen.

Nun wieder über die Camargue mit ihren violetten Teppichen, den Kugelwolken im räumlichen Himmel. Sie überholn unser Automobil und wir vergleichen sie, bis der Blick vollaufgeklappte Pinien trifft von der gigantischen Art, haushohes Schilf und nahezu neunzig Flamingos. Sie schreiten nebeneinander, haben die Köpfe untergetaucht und durchsieben das Wasser. Es fliegen einzelne kleine Reiher chinesisch durch einen veilchenfarbenen Himmel, und plötzlich sehn wir die Kulisse von Les-Saintes-Maries-de-la-Mer.

Dies ist eine bunte glückselige taumelige verrückte Stadt. Tamarisken stehen um Plätze, auf denen das Gras längst verdorrte, golden wurde. Hier versammeln sich im Mai die schönsten Zigeuner. Es hängt eine lange gestickte Musik in den Zweigen, es riecht nach gebratenen Fischen nach Mord und Totschlag und schon reden Zigeunerinnen auf uns ein. Erst stecken sie uns ein Amulett als Geschenk an die Brust, lesen aus der Hand, daß wir glücklich sind, ein hohes Alter erreichen, aber dann wollen sie Geld sehen, und zwar aus Papier. Wir romantischen Seelen aus Deutschland haben Mühe, schicklich und ohne bis ins dritte Glied verflucht zu werden unterzutauchen.

Seelen aus Deutschland haben Mühe, schicklich und
ohne bis ins dritte Glied verflucht zu werden das Weite zu
suchen.

*

Er geht ins Meer, ich hüte
die Kleider. Der Wind will
mich im Sande begraben.
Die Wellen kreiseln ihn,
werfen Tang in den Bart.
Wollen ihn am liebsten behalten. Versprachen ihm eine
der drei Marien. Am Hori-
zont die sich aufsammeln-
den Öltanker und die
flotten Kriegsschiffe eines
oder des anderen Lands.

*

Die Ruhe San Benedettos am
Mittag. Wir sitzen in einem
Restaurant vor dem Spiegel

Er geht ins Meer, ich hüte die Kleider. Der Wind will mich im Sand begraben. Die Wellen streicheln ihn werfen ihm Tang in den Bart, wolln ihn am liebsten behalten. Versprechen ihm eine der drei Marien. Am Horizont die sich ewig rammenden Öltanker und die flotten Kriegsschiffe eines oder des anderen Lands.

Die Rue Leon Gambetta am Mittag. Wir sitzen in einem Restaurant vor dem Spiegel und sehen das Leben darin. Ein Windhund rennt wellenförmig am Strand, Autos ziehen Wohnwagen vorüber, schleppen weiße Muscheln davon. Auf einer breiten Mauer vorm Meer schreiten viele Leute und Menschen. Ein Neger hüpft seiner eingewickelten Gitarre nach, eine Frau geht im neunten Monat, das wird ein schönes Kind mit Schwimmhäuten der Seele. Bärtige Männer schweben über dem Wasser mit ihren Bäuchlein und Kinderwagen. Seevögel bringen Blumen herbei, und stündlich kommt eine Flaschenpost mit veralteten Nachrichten, unübersetzbaren Liedern, Walroßspermien, einer wunderbaren Perle. Schöne Mütter mit knielangen Renaissancefrisuren fliegen von Sandbank zu Sandbank, ihre verblichenen schadhaften Jeans knallen im Wind und die Kinder schreiben mit Steinen und Muscheln.

Es gibt Warnschilder an der Straße mit einem bockigen Schaf. Es hat zu lange zu dünne Beine und ist immer dasselbe.

Im Licht des Mondes hat uns Monsieur einen alten vergoldeten Abendmahlskelch und Fotographien von La Pagerie gezeigt, die waren gut zwanzig Jahre alt. Der Wintergarten sah wie ein Thronsaal aus, die Kronleuchter funkelten so, in den Kaminen knallten die Feuer, die Stilleben spiegelten sich in venezianischem Glas. Da standen keine Kühlschränke, keine Kisten mit Sprudelwasserflaschen, kein Fahrrad, keine Wäschekörbe, die Fensterscheiben waren überhaupt nicht zerbrochen und gaben den Blick frei in einen hellen heiteren Park. Zwei Gärtner waren beschäftigt, die Wege zu harken, sie beschnitten die Hecken, verwehrten dem Efeu die Bäume ersticken. Und Monsieur fuhr in seinem bequemen Wagen als anerkannter Kunsthändler durch Italien von einer Auktion zur nächsten. Veranstaltete zweimal im Jahr eine Vernissage, gab üppige Feste, hatte viele Freunde und Depressionen in immer kürzeren Abständen. Er entließ das Personal, blieb mit Thibalde zurück unter Eulen.

Jetzt gibt es Fisch. Der ruht in einer Rahmsauce inmitten feiner Gemüse, siehet uns zärtlich an. Fingerschalen, glitzernde Öfchen, porzellanene Löffel, pawlowsche Zitronen recht sauer. Da winseln die Hummern in ihrem Bassin, winken mit ihren Antennen uns an, klirren die vornehmen Gläser.
Draußen immer noch Kino. Im Restaurant gegenüber stellt ein nackter Mensch Stühle zusammen und reißt den Mund auf. Der singt. Ich denke mir großspurige Grußadressen Beglückwünschungen Schmucktelegramme aus, daß ich hier bin. Den Tagmond, das abgeschnittene Fingernägelchen Gottes im Blick hab über dem Meer, dem grünen, dem glänzenden, muschelzerschmeißenden.

Im alten Flügel existiert eine Treppe, Holz- und Steinstufen wild durcheinander, auf deren Absatz mich ein ovales Fenster ansieht. Ein Kranz halbrunder Scheiben faßt es ein, abwechselnd weißes und gelbes Glas. In einem der Jahrhunderte ging eine gelbe Scheibe zu Bruch, wurde durch eine weiße ersetzt. Waren die Pagen zu wild? Stürzte einer die Treppe hinunter, durchbohrte das Glas, weil er unglücklich war? Die Treppe führt in ein leergefegtes hellblaues Zimmer. Spinnweben hängen halb in den Raum, glänzen im Licht. Der Fußboden schwankt.

Das Zimmer, in dem ich die Seelen der Pagen vermute, ist über eine Wendeltreppe, durch eine Tapetentür erreichbar. Monsieur hat mir den Schlüssel gegeben. Es stehen gelbe Samtmöbel herum, ein chinesischer Porzellanelefant groß wie ein Schäferhund trägt ein Pfeifenzeug, und auf dem Schreibtisch, dessen Schubfächer Schmetterlinge und Grashüpfer zieren, liegt der Code civil. Das Halsgericht über die Protestanten.

In Carpentras saßen wir, eine bunte Gesellschaft Amerikaner Franzosen Polen wir seltsamen Deutschen vor überfüllten Restaurants in Hollywoodschaukeln betrachteten Füße. Wir zogen aus einem Spielzeugautomaten Plastikkugeln mit Ordenssternen, drei französische Miniarmeen, Fingerringe darauf zu pfeifen, scheppernde Glöckchen, ein bärbeißiges Krokodil.

Die Synagoge war verschlossen. In ihren Fenstern wuchsen Pilze und finstere Halme. Die Klingel blieb stumm.

Wir springen mit einer Geschwindigkeit von zwanzig Stundenkilometern über die Felder und mir fällt ein Lied von 1940 ein. Schönheit und Härte des Soldatenlebens werden gepriesen, am Ende die Gewißheit für Frauen und Bräute die Sänger sind treu. Die warn ein Land weiter, sangen vom Polenmädchen schickten Tücher ins Reich. Wer weiß wie weiß die Knöchlein nun sind.

In Bellegarde, einem Bergdorf das wir täglich passieren, steht ein Sandsteinbrunnen mit wasserspeienden Löwen. Jede Himmelsrichtung hat einen. Dazwischen, die Tiere umarmt, sitzen Araber, Arbeiter in Weinfeldern, Abend für Abend. Sie haben keine französischen Freundinnen. Welcher Vater würde das seiner Tochter erlauben, bis gestern besaß man Kolonien. Und die Mädchen sind blind.

Der Wind hat die Tür zugeschlagen. Ich klopfe an die Scheiben, mein Freund unter den Bäumen hört mich nicht. So muß ich durchs trügerische Zimmer mit dem Romeo-und-Julia-Balkon. Es hat keine Dielen, fünf Balken darüber ausgediente Türen gelegt. Ein Strohbesen stürzt ab, ich springe auf eine endlose Treppe. Finsternis. Spinnweben streifen mein Mund.

Geriet nun in die Kapelle. Verbundene Betstühle Stapel erblindeter Spiegel verblichener Bilder rings auf den Dielen. Oftmals Jesus und Maria mit aufgerissenen sichtbaren Herzen, die Glasseiten aneinander gelehnt. So las ich stellen Mönche in entfernten unwirtlichen Gegenden, wenn sie morgens die erfrornen Touristen einsammeln, zwei steife Menschen aneinander. Erst grob sortieren, dann zählen.
Von der Decke der Kapelle baumeln in exakten Abständen viele dicke Bindfäden, dünnere Stricke.

Träume von Dachböden, Truhen erfülln sich im Tanzsaal der Pagen. Die Standuhr schreit, wenn sie fünf schlägt. Was war siebzehn Uhr oder morgens um fünf? Hat jemand einen oder eine oder nichts? Ein Waldhorn, Spielkarten, das Bild Le Midi – eine fette Schäferin schwitzend am Stab. Ein verblichenes Sesselchen mit gelben gerafften Gardinen, einer rechtwinkligen Lehne, tote Schmetterlinge auf dem Fensterbrett. Ein Spiegel mit mir darin, weil sonst niemand da ist.

Träume von Dachböden, Truhen erfüllen sich im Tanzsaal der Puppen. Die Standuhr weiß, wenn sie fünf schlägt. Was war siebzehn Uhr oder morgens um fünf? ~~Ob~~ Hat jemand einen oder eine oder nichts? Ein Waldhorn, Spielkarten ~~tote Schmetterlinge~~ das Bild Le Midi – eine fette Schäferin schwitzend am Stab. Ein verblichenes Sesselchen mit gerafften gelben Rüschen, einer rechtwinkligen Lehne, tote Schmetterlinge auf dem Fensterbrett. Ein Spiegel mit mir ~~Bl~~ darin, weil sonst niemand da ist.

In der Küche folgender Kalender:
Vendredi – 13 – juillet – danach hat niemand mehr abgerissen.

1982

Erdreich

Bären

Niedergehende kleine Gebirge
Klopften unterm Tioga-Paß
Die einzelnen Bären raus aus den Höhlen
Sie standen still in der ernsten Luft
Kristallbeschlagen und wirklich verdrießlich
Der schwarze der eisgefesselte See
Ertrug unsern Fuß, viel stumme Vögel
Stoben aus den geköpften Tannen, die niedren Wolken
Gerieten so in Bewegung zerteilten sich Schnee
Fällt dir auf den Mund das weiße Gestöber
Will dich mir wegführn, und gleich.
Ich liebe dich komm ich bin doch
Inmitten der Bären ich rede wahrhaftig
Und wenn mir diese mächtigen Tiere
So durch den Kopf gehn
Müssen sie dagestanden haben
Anfang Dezember die Pfoten im Wind

Talfahrt

Wir warfen die Pelze, die Mützen
Im Schnee in den Kofferraum und vertauschten
Im Handumdrehen die Landschaft. Es sprangen
Bäche an unserer Seite, die andere Sonne
Verschleuderte sich, viel rote Blumen
Wehten über stürzenden Wiesen und Tore
Kupferner Berge taten sich auf.

Tagsterne

Auf dem Fließband der Highways in einer Ebene
Mit Palmenköpfen Kranhäusern und gläsernen Bars
Die Sonne sehr früh auf den Füßen und immer prächtig
Sahen wir Krähen von Adlergröße die furchtbaren Tiere
Verklumpten die fremden Bäume das mächtige Gras
Wurde ständig aus Wasserwerfern mit Farbe beschossen
Das Datum der Name des regierenden Gotts
Erschien uns am Himmel und Sterne und Streifen.

Schwarzer Tag

Die hustenden Chinesen
Hatten uns pünktlich geweckt
Das Auto stand vor dem Hotel und der Freund
Schlug den Kofferraum zu.
So ein Scheißdreck, der einzige Autoschlüssel
Steckt in der Jackentasche, die Jacke
Im zugeschmissenen Kofferraum.
Aber das Mietautogroßunternehmen
Verzweigt sich bis hierher, die Schlüsselnummer
War bekannt und wir kriegten
Gleich einen neuen Schlüssel gestanzt.
Er paßte nicht, wir besorgten
Immer im Taxi, noch einen Schlüssel
Alles umsonst, und der Code war falsch.
Jetzt konnte nur noch ein Schlosser helfen
Natürlich war Sonntag, doch endlich
Sagte einer im Telefon ja und wir holten
Uns Hamburger und Doubleburger und Kaffee;
Es war allerhand los an dem Morgen
Die Sonne schien und nette Leute
Kamen und gingen mit gekämmten Kindern
Die Girls aus der Liveshow
Sonnten sich am geöffneten Fenster
Ein piekfeiner Chevrolet vom schwarzesten Schwarz
Wir hielten ihn glatt für einen Leichenwagen
Stoppte, und unser Schlosser stieg aus.
Black is beautiful. Seine Haut
Glich der Farbe des Autos, doch er war
Nur geschickt unser Unglück zu checken
Und trug es seinem Bruder mitm Funkspruch zu.

Er legte sich teilnahmslos in den Wagen
Hörte eine murrende widersetzliche Musik
Sprang eilig auf als ein Cadillac
Noch schwärzer, noch glänzender als der Chevy
Unhörbar anhielt. Dieser Bruder
Ließ den Motor gleich laufen
Schwarz wie Ebenholz das blasierte Gesicht
Der Sonntag in eigener Person
Er trug einen breiten tiefschwarzen Hut
Einen kohlpechrabenschwarzen Anzug
Ein lilienweißes zärtliches Hemd
Einen dünnen Zigarillo im Mund
Blaßblaue Badesandalen und sprach
Kein einziges Wort. Er schritt
Rücksichtslos durch die Gaffer und alle wußten
Wer hier der Boss war. Mit zierlichem Draht
Erfühlte er geschlossener Augen das Schloß
Durchschaute es ganz, schien hinter den Lidern
Einen brauchbaren Schlüssel zu sehn
Verdeckte uns mit dem Rücken den Blick
Feilte ein bißchen über dem kohlschwarzen Stoff
Und ehe die Asche vom Zigarillo fiel
Schloß er behutsam den Kofferraum auf.
Ein gottbegnadeter Künstler. Ich wette
Daß der noch ganz andre Schlösser
Und auch im Dunkeln auftuen kann.
Wir klatschten und riefen A und O
Das gehörte sich und bezahlten
Während er schon am Steuer saß
Eine ordentliche Summe samt Sonntagszuschlag

Waren noch ganz benommen
Von diesem Schauspiel
Der Akteur warf dem Bruder
Ein paar dreckige Scheine zu
Nicht eben viel und startete durch.

Das Aussichtsplateau

Wir sehen in jede Richtung des Himmels
Dieses Haus ist das höchste die anderen
Können uns nicht die Wassertanks reichen.
Die Menschenspeicher baun hinkende Treppen
Landeplätze für UFOs und Superman
Während in den verborgnen Kanälen
Nilkrokodile spazieren und Mutationen.
Hier ist alles verkehrt, gewaltige Häuser
Und kleinste Kirchen am Grund, ihre Kuppeln
Sind Balsam für meine viereckigen Augen
Und wenn wir uns jetzt weit überlehnen
Tiefen Einblick in die Straßen gewinnen
Jubelt der Plexus solaris und schickt
Blitztelegramme an Körper und Seele.
Die unverantwortlichen Füße
Wolln sich erheben, die Knie beugen sich schon
Die Hände verlassen das sichre Geländer
Die Arme breiten sich aus, es wächst eine Flughaut
Du krächzt mir was zu, und Wind durchströmt uns
Bis in den letzten Wirbel des Schwanzes.
Ich glaube du ähnelst dem Geier und zeigst
Mit dem gebognen Schnabel verlangend
Den grauäugigen Central Park an.

Landwege

Wir konnten uns nicht erinnern
An welcher Stelle das Wasser
Hin in den Untergrund ging und seit wann
Wir dieser Stromleitung folgten.
Die Bäumen waren wohl lange verdorrt
Wie graue Esel lagen die Berge
Fünf Horizonte entfernt und wir redeten
In glitzernder bunter Luft
Auf einem irdenen endlosen Teller.

Ihre Pferde sollen gesund bleiben, Monsieur!

Hülle und Fülle Dörner Verfall wünschende Vögel

Wie eine blanke Chaussee
War der Anfang gesäumt mit
Von wohlherrschaftlichen Bäumen
Und Schlüsselblumen darunter

Der Schläfer u. seine Vorliebe f. Telefonbücher.
Stundenlang kann er darin was lesen.

Landwege

Wir konnten uns nicht erinnern
An welcher Stelle das Wasser
Hin in den Untergrund ging und seit wann
Wir dieser Stromleitung folgten.
Die Blumen waren wohl lange verdorrt
Wie graue Esel lagen die Berge
Fünf Horizonte entfernt und wir rollten
In glitzernder bunter Luft
Auf einen irdenen endlosen Teller.

Die Entfernung

Ganz zerschunden bin ich zurückgekehrt
Dieser Ausflug hatte es in sich, ich war
Drei Wochen in einer Zentrifuge und bin
Hier noch nicht angekommen, all meine Knöchlein
Die schönen Nerven sind mir verrückt. Ich gerate
Jeden Morgen in Helens Coffeeshop
Und werde nachmittags durchgeschüttelt
In den Schluchten der Häuser, im Schatten.

Die Vogelfreiheit entzückte mich
Es war mir früher in meinem Land
So viel eingeblasen und vorgeschrieben
Daß ich die Scheißarbeit auf mich genommen
Ein bißchen davon zu glauben.
Die fröhliche neue Welt sorglos geschminkt
Ist wenigstens ehrlich. Niemand
Setzt auf Gerechtigkeit, jede Tugend
Ist brutal definiert wer zahlen kann zählt
Der Ausgelieferte darf untertauchen
Mitleid macht krank, das Elend
Wird nicht verfolgt es schläft auf der Bowery
Bis in den Mittag. Mein Selbstbewußtsein
Liegt ausgekotzt im Rinnstein, ich weiß
Was ich bin, fast nicht vorhanden
Ich bin ein frohes Geschöpf
Unter Brüdern und toten Engeln.

Die Seele war sehr dünnhäutig geworden
Ein Wachstäfelchen, das im Alkohol lag;
Sie kamen nachts mit Schlitten und Bahren

Und luden ihr Unglück ab vor meiner Tür.
In diesem frühen Winter sah ich mich
Eines Abends den Körper verlassen
War ganz schön weit oben und hatte
Die Erde im Blick, einen hellen Fleck.
Ich verstand plötzlich alles, mehr
Läßt sich dazu nicht sagen, aber ich war
Mild und versöhnlich gestimmt.

Die Verwandlung

Unten in den niederen Straßen, das Herz
Flog im fallenden Lift in den Kopf
Klappert noch wild, schaukeln wir jetzt
Durch Menschen und Autos, schreiende Zettel
Angebote des Himmels, des Teufels
Enden in unseren unfreiwilligen Händen
Die Leiber bewegen sich wie Atome, verklumpen
Trennen sich wieder, verschmelzen, ein träger Brei
Quillt in den Schächten dämmender Mauern
Schiebt sich zusammen, buckelt, die Wipfel
Der ungeschlachten Häuser schwanken im Rauch
Stürzender Wolken. Ich spüre mich nicht.
Alles verdunkelt sich nun. Es gibt
Keinen Halt für die flatternden Augen
In dieser wahnsinnigen Stadt, und Tränen
Fallen mir auf die Erde; ich kotze Hals über Kopf
Erlöst in den Rinnstein. Der dreckige Ort
Bleibt unbeweglich, verschwimmt mir nicht mehr
Ich hänge dir überm Arm, unterscheide
Stimmen und Sprachen, ich erkenne die Menschen
Wieder, die Schönen und Reichen, die Grauen
Die aus den Mülltonnen leben, die Mädchen
Blaugefiederten Kinder, bärtigen Juden.

Genrebild

Als ich noch fremd war
In meinen Strohschuhn
Tagelang durch den Park ging
Die Menschen aus der Ferne erblickte
Dem taubstummen Gärtner
Orangen abverlangte jeden Abend
Die Brunnen von Vögeln befreite
Denen ich Grabsprüche sagte
Einmal mit dem geborgten Fahrrad
Die sieben Hügel hinabfuhr
Versteinerte Polizisten
Sorgfältig meidend den Stadtplan
Andauernd drehte nicht wußte
Auf welche Seite des Flusses
Ich nun geraten war
Verirrte ich mich in ein schmales Haus
Dessen blankgeputzte Fenster
Mit der kleinen grauen Katze dahinter
Mir sehr behaglich erschienen
Die Treppe endete vor einer angelehnten Tür
Die Katze gähnte mich an und mein Kind
Hatte sich schon wieder den Arm gebrochen
Hallo Mum sagte es während mein Mann
Das Essen vom Feuer nahm.

Medaillon

Meine Mutter hat so viel zu tun daß sie einen Umzug
Gar nicht erwägen kann auch nicht in den Westen
Obwohl sie alt genug ist, sie hat zu viele Bäume
Lärchen und Birken verschiedene Kiefern vor Jahren
Aus dem Wald geholt und muß sich drum kümmern
Jeden Winter liegt der Keller voll seltsamer Knollen
An die muß sie denken, alle zur richtigen Stunde
Wenn die Eisheiligen endlich vorüber sind pflanzen
Und verwilderte Katzen kommen pünktlich auf die Minute
Sie schnurren werden gefüttert fauchen gestärkt
Gehn ihrer Wege ohne sich streicheln zu lassen
Krähenschwärme und Tauben landen am Fenster
Vor Jahren noch zierliche Singvögelchen
Hat sie die gute Behandlung, Apfel im Schlafrock
Himmel und Erde, gründlich verwandelt
Auch die Menschen fordern ihr Recht, das Fräulein
Mit den fliegenden Armen hüpfenden Füßen, ach
So überschwenglicher Krankheit wie soll sie
Eine Nadel einfädeln, abends bringt meine Mutter
Unsrer verwirrten Tante zu essen weil dort die Küche
Von Gespenstern besetzt ist wildfremde Leute
Kochen ihr Süppchen lümmeln herum meine Mutter
Kennt Sisyphos nicht es nimmt die Arbeit kein Ende

Nur eine Aufgabe kann zur Aufgabe führen vielleicht
Ein Pusteblumenversand rund um die Erde
Eine Pension für Wolkenkuckucke oder ein
Gottvergessener Leuchtturm wo sie gestrandeten Vögeln
Öl aus den Federn wäscht, mit den Flügeln
Wieder vertraut macht.

Galoschen

Der Regen hatte uns aus dem Schlaf getrommelt. Weil wir vermuteten das Wasser würde steigen verließen wir die Wohnung obwohl sie im dritten Stock lag. Auf den Straßen die Menschen kümmerten sich nicht um die Wolkenbrüche trugen Galoschen und gingen ihren Gewohnheiten nach. Nur die Fremdarbeiterkinder fragten wohl nach der Sonne aber wer achtete darauf. Aus den Gullys stiegen erst Blasen dann Ratten hervor, gewaltige Populationen die begriffen hatten und unverzüglich zu wandern begannen. So sahen wir sie in den folgenden Wochen oftmals unseren Weg kreuzen glatte triefende Tiere ohne Hoffnung im Blick.

Reisezehrung

1

Die Augen voll märkischer Landschaft
Das Heidekraut verschwendet sich
Die volkseigenen vogelähnlichen Elstern
Schwingen sich hoch empor. Die Bewohner
Winken ein bißchen von den Brücken
Schnurren exotische Automarken herunter
Und kehren zurück in die Häuser.

Wir sollen den Weg nicht verlassen
Keine Blumen abpflücken, den müden
Wandrer im Wagen nicht aufnehmen, sonst
Schnappt uns der Wolf. Hinter Schildern
Dichtbelaubten Büschen und Bäumen
Hat er Radarfallen aufgestellt und will
Uns schröpfen. Doch wir kennen ihn schon
Und seine weißgepuderten Pfoten.

2

Wir sehen aus der Entfernung den Landsitz
Des Herrn von Ribbeck zu Ribbeck.
Die Bäume werden noch immer Birnen tragen
Aber das Schloß erscheint uns
Wenn wir vorüber fahren
Wie ein glitzerndes Trugbild.

Alles ist unerreichbar hinter den Hecken
Rankenden Blumen flatternden Blättern
Das große lockende geschwungene Tor
Wird uns immer verschlossen sein
Obwohl wir den freundlichen Namen
Klingen hörten vor langer Zeit.

3

So ist der Weg ein schwarzer Tunnel
Wir wissen nicht was draußen geschieht
Und sind den Menschen abgeschnitten.
Flüchtiges Wohlgefallen
Läßt uns Landschaften sehen
Die nicht mehr erfahrbaren schönen.
Da fluchen wir notgedrungen
Auf Schlaglöcher Bullen und lesen
Die altbekannten verwitternden Sprüche
In diesem Niemandsland auf der Durchfahrt.

4

Hier war ich zu Hause, geriet leichten Herzens
Einmal nach Fehrbellin. Auf dem Schlachtfeld
Blühte der Mohn. In blitzender weißer Sonne
Ging ich in der kleinen märkischen Stadt
Durch die buchsbaumverzierten Straßen.
Die niederen Häuser, Soldatenquartiere
Sahen dem Exerzierplatz über die Mauer.
Die Glocken der Dreifaltigkeitskirche
Schlugen einen kleinen preußischen Marsch.

5

Wie im Märchen sollen etliche Türen
Nicht mehr aufgetan sein, aber ich kenne
Was sie versperren den Anblick
Des sanften, des wildüberschlagenden Sees
Seine Fische das Wassergeflügel
Die Schaukel an langen Stricken im Baum.
Wenn ich mich rasend drehte und wie verrückt
Abstieß vom Boden die Blätter erreichte
Die Augen bis aufn Spalt zusammenkniff
Himmel und Erde sich völlig vertauschten
Erschien mir der See sein anderes Ufer
Verzaubert und wunderbar fremd
Palmen standen im Licht, Alligatoren
Trieben wie umgestürzte Bäume im Fluß
Der Schaukel weiter Pendelschlag
Schoß mich an Wolkenkuppeln Winterpalästen vorbei
Die roten Dächer hinter der Eisenbahnbrücke
Die unbewegten Zypressen im Dunst
Rissen mich ans Ufer der Rhône, und die ganze Welt
Lag mir vor den fliegenden Füßen.

6

Ich sah in Wiepersdorf alte Frauen
Pfingstrosen über den Kirchhof tragen
Die roten Blätter fielen schon ab
Und blieben auf den Steinplatten liegen.

7

Als die Eulen zu fliegen begannen, die Käuze
Einladend riefen, lief ich im Park hin und her
Traf die Dichter rings in den Tannen.
Czechowski kam klagend den Hauptweg entlang
O meine Leber rief er fressen die Geier
Ich weiß nicht wo ich fürderhin bin
Aus der Harfe des kopflosen Orpheus
Hörte Edi das Sirren und nickte.
Leising und Mickel lehnten am steinernen Söller
Als eben der Mond über Jüterbog makellos aufging
Sie tranken spanischen Rotwein von Fries
Und skandierten herrliche Stücke, Grabbe
Hatte den Finger ins Windlicht gesteckt
Und machte Elke eine lange Erklärung. Braun
Dachte einesteils andrerseits und erwog den Gedanken
Sein Schauspiel zum siebten Mal zu verändern
Da trieben uns die reinsten Akkorde
Die Stufen hinunter und ich riß die Tür auf.
Bobrowskis schöner Pferdekopf
Sah uns übers Harmonium an, ihm gehörte
Der Wintergarten mit den litauischen Bäumen
Er warf den Schneesturm an, spielte
Wolfsgeheul mit zerbrochnen Registern und Hymnen
Auf Texte von Brockes. Die flackernden Lichter
Die schaukelnden Bäume zerspringenden Gläser
Fliegenden Stimmen in dieser einzigen Nacht
In Bettines Haus. Die Schatten der Freunde
Zerstreuten sich in alle vier Winde.

31.5. Ich gedenke nicht am Heimweh zu sterben.
Unaufhörlich hab ich die Bilder im Kopf
Die hellen, die Schatten. Ich kann in Palermo sitzen
und doch durch Mecklenburgs Felder gehn
Er schwenkt mir
Der hinkende Bauer schwenkt seinen Hut
Die Schwalben stürzen und steigen vorm Fenster
~~Ich sehe sie gern und~~ sie finden mich
wo ich auch bin und ohne Verzweiflung.

Vertraute Schatten. antreffen erfahren

Finden stoßen auf entdecken begegnen aus-
findig machen ermitteln auffinden nicht
entgehen antreffen

begrüße sie <u>erkennen</u> gefallen

Sie finden mich
Wo ich auch bin und ohne Verzweiflung

Ich sehe sie gern und sie finden mich
wo ich

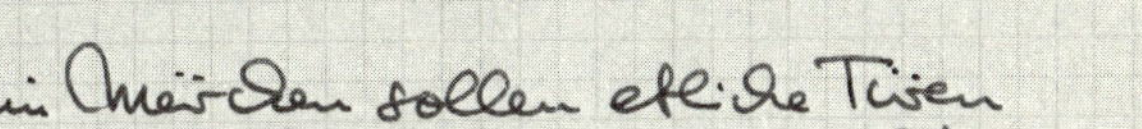

Vertraute Schatten sie finden mich
wo ich auch bin und ohne Verzweiflung

2.6.

Wie im Märchen sollen etliche Türen
nicht mehr aufgetan sein, aber ich kenne
was sie versperren den Anblick

8

Ich mußte eine Menge Zaubersprüche lernen
Mit großer Kühnheit im preußischen Wald
Pentagramme kritzeln das kleine Land
Bei Nacht und Nebel verlassen die Könige auch
Und wieder frei sein.
Die grauen Feldjäger die fleißigen Flurhüter
Hatten das Nachsehn. So halten sie mir
Heute und morgen den Schlagbaum geschlossen.

Ich gedenke nicht am Heimweh zu sterben.
Unauslöschlich hab ich die Bilder im Kopf
Die hellen die dunklen. Ich kann in Palermo sitzen
Und doch durch Mecklenburgs Felder gehn
Auf gelben Stoppeln schwenkt mir der Bauer den Hut.
Die Schwalben stürzen und steigen vorm Fenster
Vertraute Schatten, sie finden mich
Wo ich auch bin und ohne Verzweiflung.

Die Übung

Eines Morgens vor einem Jahr
Die jungen Linden
Die von hieraus schnurgrade
Durchs Brandenburger Tor
Hin zu den großen ziehn blühten
Ich kam aus dem Zigarettenladen
Die kleinen Revolver die Gaspistolen
Glänzten zwischen den Pfeifen
An diesem gewöhnlichen Morgen
Der so hübsch war
Weil nichts besondres geschah
Die Katze im Wollgeschäft
Spielte mit Wolle
Der Maßschneider unterhielt sich am Fenster
Das Mädchen vom Antiquitätenladen
Hängte ein Brautkleid
Von neunzehnhundertfünf an die Tür
Der Briefmarkenhändler träumte
Von der blauen Mauritius
Der persische Teppichverkäufer
Fuhr mit dem Staubsauger
Zwischen den bunten Beeten
Seines Zaubergartens hin und her
An der Tankstelle gegenüber
Wurden Rosen gepflanzt
Der Goldschmied und Uhrmachermeister
Hinter der Lampe hatte die Lupe
Ins Auge geklemmt und sein sehr treuer Hund
Wedelte mit dem coupierten Schwanz
An diesem freundlichen hellen Morgen

Wollte ich auf der Straße
Äpfel und Kirschen kaufen
Hatte die Hand ausgestreckt als plötzlich
Ein Trupp erhitzter Soldaten
Bis an die Zähne bewaffnet
Im Laufschritt hereinbrach
Sie sangen ein seltsames schnelles Lied
Stießen Schreie hervor wie beim Töten
Der Commander hatte die lauteste Stimme
Der Letzte lief auf verwundeten Füßen
Die Passanten erstarrten
Schreckliche ausführliche Gedanken
Verschüttete Bilder
Flogen durch ihre Köpfe
Das gehetzte Zufußrennen
Beeindruckte mehr als eine Panzerparade
Der Spuk zog vorüber das Frösteln
Die Leute wischten sich was
Wie Spinnweben von den Augen
Das angehaltene Leben ging weiter
Die Autos waren wieder zu hören
Der Schneider ließ die Maschine sausen
Das Brautkleid sah ein bißchen
Nach Ferntrauung aus
Kinder stürzten aus der Schule
Schrien mit Spatzenstimmen.

Naturschutzgebiet

Die weltstädtischen Kaninchen
Hüpfen sich aus auf dem Potsdamer Platz
Wie soll ich angesichts dieser Wiesen
Glauben was mir mein Großvater sagte
Hier war der Nabel der Welt
Als er in jungen Jahren mit seinem Adler
Ein schönes Mädchen chauffierte.
Durch das verschwundene Hotel
Fliegen die Mauersegler
Die Nebel steigen
Aus wunderbaren Wiesen und Sträuchern
Kaum sperrt man den Menschen den Zugang
Tut die Natur das ihre durchwächst
Noch das Pflaster die Straßenbahnschienen.

Erdreich

Nachrichten aus dem Leben der Raupen
Der Kirschbaum stottert und die gebrochenen Äste
Verzweigen sich wenn ich frage einen ~~[illegible]~~ Schuppe
Die ~~[illegible]~~ mir überantworteten Gewächse ver-
dursteten Gemüse
Hilflos betrachte als ich vor Jahren
~~Ins~~ In meines Vaters Garten ging
Gab es die vielfachen Plagen
Höllisches Ungeziefer nicht und der Boden
Ist noch das Feine, der Kies
~~Der~~ Ist ein Aussteiger niederträchtig + faul
Ihm müßte man bitten den Dung
Vorn und hinten einblasen sonst bringt er
Nicht mal'n Pfifferling vor was wissen die
Menschen
Das Erdreich beleidigt Wachen ~~[illegible]~~ mir
erscheint
Siebenundzwanzig Rosenstöcke zu retten
Ein versprengter Engel den gelben Kanister
Über die stacheligen Flügel geschnallt
Da hinunter die Dämonen im Gegenwind [illegible]
Senkt das Ventil und es riecht
Für Stunden nach bitteren Mandeln.

Erdreich

Nachrichten aus dem Leben der Raupen
Der Kuckuck stottert und die gebackenen Beete
Zerreißen sich wenn ich Gießkannen schleppe
Die mir überantworteten Gewächse verlausten Gemüse
Hilflos betrachte, als ich vor Jahren
In meines Vaters Garten ging
Gab es die siebfachen Plagen
Höllisches Ungeziefer nicht und der Boden
Tat noch das Seine, der hier
Ist ein Aussteiger niederträchtig und faul
Ihn muß man bitten den Dung
Vorn und Hinten einblasen sonst bringt er
Nicht maln Pfifferling vor was müssen die Menschen
Das Erdreich beleidigt haben, mir erscheint
Siebenundzwanzig Rosenstöcke zu retten
Ein versprengter Engel den gelben Kanister
Über die stockfleckigen Flügel geschnallt
Der himmlische Daumen im Gummihandschuh
Senkt das Ventil und es riecht
Für Stunden nach bitteren Mandeln.

Valet

Hier stößt sich der Blick an Steinen krumm und blind
Die Bäume werden im Mai grau werfen im Juni
Kummervoll ihre Blätter ab leuchtende Farben
Entspringen Reklametafeln gewaschenen Autos
Ich will nicht länger auf dem Balkon
Die eine zerfressene Rose
Liebevoll anbinden mit Chlorwasser gießen
Und obwohl diese ehrliche Stadt
Unvergleichbar allen Prüfungen standhält
Die Glaser immer ihr Brot finden werden
Will ich sie lassen mit Mann und Maus.
Ich will hin wo das schwarzbunte Niederungsrind
Brüllend den weißen Horizont abläuft
Moore nächtlich den weißen Alp ausblasen
Verschlungene Träume von Entsorgungsanlagen
Der modernden Weiden huschende Lichter
Mich rufen und bitten mir herzlich winken
Und ich natürlich untergehn kann gewöhnlich
Mein Schaf mir morgens entgegentritt
Weisen Blicks mir alles nachsieht.

Ausschnitt

Nun prasselt der Regen.
Nun schlägt er Löcher in den Sand.
Nun sprenkelt er den Weg.
Nun wird der Weg grau.
Nun wird das Graue schwarz.
Nun weicht der Regen den Sand auf.
Nun rieseln Bäche durch den Schlamm.
Nun werden die Bäche zu Flüssen.
Nun verzweigen die Flüsse sich.
Nun schließen die Flüsse die Ameise ein.
Nun rettet sich die Ameise auf eine Halbinsel.
Nun reißt die Verbindung ab.
Nun ist die Halbinsel eine Insel.
Nun wird die Insel überschwemmt.
Nun treibt die Ameise im Strudel.
Nun kämpft sie um ihr Leben.
Nun lassen die Kräfte der Ameise nach.
Nun ist sie am Ende.
Nun bewegt sie sich nicht mehr.
Nun versinkt sie.
Nun hört der Regen auf.

Spektakel

Die Elstern auf dem steilen Dach
Unverständlich was sie bezwecken
Mühn sich für nichts und wieder nichts
Langschwänzige schlurfende schreitende
Dauernd verwandelte tragische komische Vögel
Die sich am Ende verbeugen die Krähen
Sind blaß vor so viel Gerissenheit Kunst.

Spektakel

Die Elstern auf dem steilen Dach
Unverständlich was die ~~vollführen~~ bezwecken
Mühen sich für nichts und wieder nichts
Langschwänzige schlüpfende schreitende
Dauernd verwandelte tragische komische Vögel
Die sich am Ende verbeugen die Krähen
Sind baff vor so viel Gerissenheit Kunst.

Die Berührung

Das Rauschen der Bäume die
Schwankenden Sträucher Stimmen der Tiere
Lange leuchtende helle Blumen
Selbst das Netz der Spinne am Fenster
Alles hat die Nacht weggenommen
Wir stecken einsam in den Gehäusen
Nirgendwo ist noch ein Lichtschein zu sehn
Und die Scheibe spiegelt die Lampe
Zwiefach zurück mir durch den Leib
Es ist nicht sicher, träte ich
Gleich aus der Tür alles wiederzufinden
Wie es im Licht stand, und streckte ich
Die Hand nach dem rauhen
Armdicken Stamm der Sonnenblume aus
Ich griffe ins Leere oder berührte
Schmales Handgelenk einer vergeblichen
Sonnenblumenesserin, Schalen und Kerne
Fallen ihr auf die Schuhe über die
Blaue Jacke mit dem buckligen P

Selektion

Welche Unordnung die Rosenblätter
Sind aus den Angeln gefallen der Wind
Blies sie ums Haus auf die Gemüsebeete.
Streng getrennt wachsen hier in den Gärten
Magen- und Augenpflanzen, der Schönheit
Bleibt ein einziges Beet
Während den ausgerichteten Reihen
Früher Kartoffeln Möhren Endivien Kohl
Ein Exerzierplatz eingeräumt wird.

Die Wirrnis des Gartens verwirrt
Auch den Gärtner, jetzt muß
Durchgegriffen werden angetreten Salat
Richtet euch Teltower Rüben Rapunzel
Auf den Abfallhaufen Franzosenkraut
Wucherblume falsche Kamille und Quecke
Es ist verboten die nackten Füße
Wieder ins Erdreich zu stecken.

Hinter der Mühle

Ich beginne mich der Baumreihen zu erinnern
Dieses Horizonts voller Eichen hinter den Bäumen
Mitten im Flachland drei angenagte Zuckerhutberge
Jeder von ein paar Fichten bewachsen darunter
Jedesmal ein halbzerfallenes winziges Haus
Ich erinnere mich auch daß wir vorher
Lange durch Rapsfelder liefen an kleinen Koppeln
Mit sehr jungen Kühen entlang und den ersten
Kleinen Berg fast ungewollt beiläufig erstiegen
Wir gingen den verwilderten Weg geradeaus
Und gerieten in einen Hollunderbuschgarten
Holztröge standen herum und grünschillernde Enten
Ordneten widerspenstige Federn ich weiß noch
Daß uns ein kläffender Spitz wütend bedrängte
Wie ihm die alte Frau Einhalt gebot
Und ich sehe den gesprungenen Steinfußboden
In der Küche des Hauses auf dem zweiten Berg
Mit der robusteren Alten der Flüchtlingsfrau
Der Förster seit vierzig Jahren im Ruhestand
War hier zu Gast mir schien wir hätten die beiden
Bei verfänglichem Tun überrascht ich erinnere mich
Daß ich in dem Hündchen der ersten Frau
Das Hündchen Strohmian erkannte dieser Nachmittag
War überhaupt sonderbar und ich denke
Diese drei Berge werde ich nicht wiederfinden
Obwohl ich weiß daß man den zweiten Feldweg
Hinter der Mühle einem gewöhnlichen Touristenhotel
Mit Ponys und Eseln einschlagen muß noch verwunschner
War dann der dritte Berg an seinem Fuß
Breitete ein dunkler glänzender Teich

Wahrhaftig sein Spiegelchen aus die Zweige
Dreier schöner Trauerweiden hingen ins Wasser
Und ein weißer sanfter Schwan trieb dahin
Die Frau in der Hütte aus gelbroten Steinen
Die Fensterscheiben waren zerbrochen altmodische
Vogelbestickte Gardinen flatterten vor und es schien
Sie zerrissen sich selbst an der bröckelnden Mauer
Die dünne schwarzgekleidete Frau mit dem Kopftuch
Hatte ein kleines sauberbestelltes Kohlfeld
Eine Ziege weißer als Strohmian und schöpfte
Für mein Kind das Kopfschmerzen hatte
Zisternenwasser aus einem Kübel ich sah
Auf der Innenseite des Armes die vielstellige Zahl
Und ich weiß daß die Trauer die ich da spürte
Aus Wut und Schmerz zusammengesetzt war.

Beginn der Zerstörung

Unbegehbar von Mooren umschlossen
Niemals hat ein Mensch ein vierfüßiges Tier
Diese verhexte lockende Wiese betreten
Die Rinde der schwarzen Bäume, Säulen
Des Himmels, berührt, die vielstimmigen Vögel
Auffahren sehen aus geschüttelten Blättern
Wunderschöne Vögel mit Hauben, Spechte
In sehr großer Menge, blaugefiederte Tauben
Und noch die Kühe, stumpfsinniges Vieh
Benachbarten Graslands versuchen mitunter
Den Saum zu erreichen, es heißt sie mißachten
Den eigenen Zaun und zerreißen
Sich Brust und Kopfschild versinken.
Die rostbraunen Wasser betrügerischen Moose
Werfen uns alle zurück. Wir sehen
Die Wiese vom Tau beglänzt Tag und Nacht
Ihre Blumen, die nie eine irdische Hand
Fällte, Sterne, weitverzweigter Halme
Schwebende Kronen, und sind
Von aller Freude abgeschnitten durch
Unser Wünschen, wir in gewöhnlichen
Kuhweiden stehend voll Sehnsucht.

6.8. Un~~begehbar~~ [erreichbar] von Mooren ~~umsäumt~~ [~~eingeschlossen~~] umzingelt
Niemals hat ein Mensch [noch] ein vierfüßiges Tier
~~Diese Wiese betreten~~ ~~königliche~~ ~~ergötzliche~~ [fremde] Wiese
Die Rinde der dunklen Bäume betreten
Säulen des Himmels berührt

Die vielstimmigen Vögel aus ~~weit~~ dichtgeschüttelten
Blättern
Auffahren sehen wunderschöne Vögel mit Hauben
Spechte in sehr großer Menge und noch die Kühe
stumpfsinniges Vieh benachbarten Graslands
Versuchen ~~oftmals~~ [mitunter] den Saum zu erreichen
~~nackt~~ [sie] achten
Des eigenen Zauns nicht gewesen sich Brust
und Kopfschild
Versinken ~~im~~ [die] rostbraunen Wasser ~~des Moores~~

Die betrügerischen Moose werfen uns alle zurück
Wir sehen die Wiese vom Tau beglänzt
Tag und Nacht
Ihre Blumen die nie einer ~~Menschen~~ [irdische] Hand
fällte
Sterne, weitverzweigter Halme schwebende
Krone
+ Trauer über verwehte hochfliegende Tänze
Sind aller Freude
Abgeschnitten, wir, in gewöhnlichen
Kuhweiden stehend

Des Freundes gelbe Haare wehn
Im Abendschein ~~vom blanken~~ das blanke Feld
~~Beleuchtet~~ der zerfressene Mond
Berstende ~~Höfen~~ Kleppen
Laich schnürt durch die Furchen
Das verwunschene Haus am Moor
Hat seine wahnsinnigen Gardinen
Neu aufgesteckt mit blutroten Bändern
Saturn steigt auf und die Jäger
~~Erschießen einander~~
Legen aufeinander an in der Stille

(15.7.) St. Johannis

Das blanke Feld
Beglänzt den verfallenden Mond
Saturn erscheint am Gewölbe die Jäger
Erschießen einander in sanftem Entrücken
Entrücktsein
X Entrücktheit

Erlegen einander in sanfter Entrücktheit

Die roten Blumen in seiner Hufspur
Zeigen den Weg

St. Johannis

Des Freundes gelbe Haare wehn
Im Abendgraun das blanke Feld
Beglänzt den verfallenen Mond
Sterbende Kröten schleppen
Laichschnüre die Furchen entlang
Das Haus am Herrenmoor
Hat seine wahnsinnigen Gardinen
Neu aufgesteckt
Mit blutroten Bändern gerafft
Saturn erscheint am Gewölbe
Die Jäger erlegen einander
In sanfter Entrücktheit.

Absolution

Ein genauer Zeitmesser ist für die Bewohner der Abfallbehälter, Kartoffel- und Eierschalen die Tage fallen hinein Kaffeesatz Zeitungen, zerschlagenes Porzellan Milchbeutel Tempokrokodilstränentücher. Sind die Kübel gestrichen voll ist eine Woche vergangen, die Bewohner sehn sich gezwungen ihre Behältnisse vorsichtig über die Wiese zu rollen, daß nicht eines der beiden Räder in eine verdeckte Unebenheit hineingerät die Vergangenheit auskippt und sie erneut alles einstecken müssen. So rolln sie den schweren Behälter, der eine Gebührenmarke aufweisen muß damit er angenommen und der Inhalt erledigt wird, langsam über die Wiese den Hof vor den Zaun an die Straße.

Ende des Jahres

In diesem Herbst wurden die Atompilze
In den Journalen solch gewöhnlicher Anblick
Daß sich beim Betrachten der Fotografien
Ästhetische Kategorien herzustellen begannen
Die Lage des blauen Planeten war absehbar
Das Wort Neutronenwaffen erschien häufig
Wie seine Brüder Benzinpreise Wetterbericht
Es wurde alltäglich wie Friedensappelle.

Mein Kind hat eine Fünf geschrieben
Was soll ich sagen es kostet schon Kraft
Seinen Anblick die Unschuld ertragen
Und wir leben unser unwahrscheinliches
Abenteuerliches Leben korrigieren die Fünf
Das Kind geht zur Schule wir pflanzen Bäume
Hören den Probealarm die ABC-Waffen-Warnung
Kennen die Reden der Militärs aller Länder.

Zunehmende Kälte

Der Winter brach zeitig herein
Schon im November zeigten
Die Thermometer arktische Zahlen
Trotzdem schneite es ununterbrochen
Bald sahen nur noch die Dächer
Einzelne Kronen sehr hoher Bäume
Hervor aus dem flimmernden Weiß.

Maulwürfen gleich gruben die Menschen
Gänge vom Haus in die Scheunen
Die Klagen hörten nicht auf
Welche Arbeit die Türen zu öffnen
Wie an die Futtermieten gelangen
Und Wasser für die Tiere erwärmen
Bis die Hochspannungsmaste
Beim letzten Schneesturm zusammenfielen.

Jetzt verendete Vieh in so großer Anzahl
Daß die Abdecker und Knochenmühlen
Ihrer Arbeit nicht nachkommen konnten
Die steifgefrornen Kadaver im freien Feld
Täglich aufgetürmt werden mußten
Von Brettern und Steinen gehalten
Und mit Schaudern dachten die Bauern
An plötzliche mildere Tage.

Als ich eingewickelt in doppelte Tücher
Mit Fellstiefeln Pelzhandschuhn
Brennspiritus holen ging sah ich
Eine Katze aufrecht erfroren

Tot wie sie ging und stand
Die grünen Augen funkelten noch
Über den Feldweg zum Dorf.

Steine

O und die weißen hochaufgetürmten Städte
Abendsonnen schweben über steilen Terrassen
Schöne Menschen gehen durch Spiegelsäle.
In den dunklen niederen Straßen
Zielen Wasserwerfer auf jene
Die sich in Nestern verschanzen
In verglichener Liebe kurz lebten.

Erdrauch

Und zu verschiedenen Zeiten geschieht es
Daß wir sehr glücklich über
Irgend ein Ding eine Nachricht
Den neuen Geliebten das Kind
Umhergehen können da freut uns
Die eintönigste Arbeit da kochen wir
Wunderbare Gerichte putzen die Fenster
Und singen dabei küssen
Die eben aufgesprungene Blüte
Am Strauch vor der Tür reden
Zu Unbekannten über die Straße
Und beachten die Sonne nicht
Den leichten tanzenden Schnee
Es ist alles bekannt und vertraut
So wird es immer sein glauben wir
Und noch die furchtbaren Bilder
In den Fernsehgeräten bestärken uns
Wenigstens hier wird es so bleiben wir stapeln
Die Zeitungen die uns ruhig schlafen lassen
Sorgfältig auf bis sie abgeholt werden
Wir sind ganz lebendig hüpfen und springen
In den möblierten Wohnungen des Todes.

Wechselbalg

Endlich nach Wochen finsterster Wolken dauernden Regens
Schlechtgelaunt und empfindlich gingen die Menschen umher
Die Wiesen und Äcker wurden zu überquellenden Mooren
Steht nun die Sonne wieder im lichtesten Blau.
Fröhlicher flattert die Wäsche auf den Leinen im Freien
O wie freun sich die Bienen und Hummeln rings in den Gräsern
Über die heißen blütenaufsprengenden Strahlen wie emsig
Beginnen am Abend die Grillen ihr Lied und der Kuckuck
Der so lange geschwiegen wird nicht müde zu rufen.
In den Gärten werden Erdbeerbeete bereitet
Oder in blauen Säulen steigt nun der erste Rauch
In die Kronen alter blitzgetroffener Eichen
Mancherlei Fleisch liebliche Bissen zahlreiche Würste
Werden über die glimmenden Kohlen gelegt und die Bauern
Geben die Kornflasche weiter reden noch übel vom Wetter
Diesem Patron dem sie leibhaftig angehören.
Viel Lebendiges rührt sich in den Höfen der Menschen
Auf ihren leichten Flügeln erheben sich hoch die Schwalben.

Der Abend

Übermütig wechselt das Grün
Von heller zu dunklerer Anmut
Kräftig holt jetzt die Sonne
Das Licht hervor aus den Bäumen
Eh sichs davonstiehlt, die Blumen
Dorfhähne am Morgen, empfangen
Den Abend mit samtenen Farben
In den Fluten der reifen Felder
Schlingern verspätete Trecker
Der Himmel wird pflaumenblau
Und auf der Zunge brennt noch
Der Abbiß vom Fliegenpilz
O ihr guten versunkenen Städte
Hier ist es fröhlich und heiter
Selbst das Dunkel beginnt
Leuchtend und prunkvoll.

Noah Nemo

Abends beschließt er das Logbuch, öffnet
Die große Hölderlin-Ausgabe während
Die Nautilus ihre altmodischen Aufbauten
Seegrasbewachsene einsame Terrassen
Langsam ins Mondlicht schiebt. Es ist
Sinnlos auf den Auftrag zu warten.

1984

Katzenleben

Verschiedene Zeit

Am Morgen weidet der Nebel
Auf verlassenen Wiesen
Die Stimme des Zwerghahns
Steckt zwischen Tür und Angel.

Die schönen Dächer geduckter Häuser
Näherten sich in der Kälte
Unbekanntes tauchte auf aus
Schwarzen entblätterten Gärten.

Im blassen Himmelsgewölbe
Des Vogelzugs alte Schrift
Aufgewühlt Tellerlands Mietengebirge
Plastiklaken blühen im Schnee.

Verschiedene Zeit

Am Morgen weidet der Nebel
Auf verlassenen Wiesen
Die Stimme des Zwerghahns
Steckt zwischen Tür und Angel.

Die schönen Dächer geduckten Häuser
Näherten sich in der Kälte
Unbekanntes taucht auf aus
Schwarzen entblätterten Gärten.

Im blassen Himmelsgewölbe
Des Vogelzugs alte Schrift
Aufwächst Tellerlands Mietengebirge
Plastiklaken buhlen um Schnee.

Eichen und Rosen

Ich habe mir in Ferlinghettis Laden
Einen Fahrplan gekauft und sitze im Pullman-Waggon
Und fahre die Küste ab Tag und Nacht und der Dichter
Spiegelt seinen Kuhschädel im Fenster wir fahren
Auf ewig nach Wyoming rein Zeile für Zeile Mann
O Mann ist das ein Tempo und ich sehe ihn mit einer
Krimmerfellmütze in einem Blechdorf die schwankenden
Telegrafenmaste kippen gleich um und die Straßen-
Kreuzer heulen wie Wölfe, auf einer Kreuzung.
Die Welt ist ein Gehöft im Winter wir kommen
Nicht rein fliegender Nebel wenn ich zum Fenster gehe
Und die herrlichen Bäume in Deutschland
Wandern als amerikanische Eichen glühend vorbei
Auf den presbyterianischen Kirchhöfen modern Rosen
Und sein Gedicht knallt weiter Schienenstöße
Böse böse reden schwerverständliche Krähen
Und als es extrem dunkel geworden ist und wir uns
Unübersehbar wohl und Steppe im Blick weiße Heide
In der Transkyrillischen Bahn befinden, komm
Ins Offene Freund und Leben rückwärts buchstabieren
Fragen wir uns was aus den wilden Jungs Jewgeni Andrei
Inzwischen alles geworden sein kann und wir fliegen
Durch die unendlichen nichtabhörbaren Birkenwälder des Zaren
Lew Kopelew winkt uns ein Streckenarbeiter
Mitm Beutel schwarzer Heimaterde zu sein riesiger Kopf
Sein weißer Bart begleiten uns lange sind einfach nicht
Von der Scheibe zu wischen bevor der schöne Waggon
Auffährt in herbstlichen flammenden Flammen.

Sanfter Schrecken

Der Himmel erinnerte mich
An weiße Veilchen die in der Mitte
Des Kelchs eine Spur Rosa zeigen
Sehr viele weiße Veilchen und ein paar blaue
Wieder war alles gründlich verwandelt
Geschliffene Klarheit vielfache Linien
Die Häuser sehr nah und ihr Innres
Lag durchsichtig vor mir ich sah
Bis in die Seele des Bäckers, die letzten
Erschrockenen Mücken wärmten die Füße
An meinem Fenster, jeder Halm
War geschärft frisch angespitzt und ich zählte
Nebenäste vierundzwanzigster Ordnung
Die Welt bestand aus Einzelheiten
Es war genau zu unterscheiden
Welches übriggebliebene Blatt
Um ein weniges vor oder hinter
Anderem leis sich bewegte.

Der Schläfer

Wenn nun der Frost kommt krachende Kälte und Winde vom Norden
Spürt der Schläfer schon die eilge Bewegung der Luft
Hört den Eissturm im Traum die Stimmen der Raben
Wenn sie nach Eßbarem gleich eh der Himmel sich rötet
Über die Koppeln hüpfen und sich die Bissen abjagen.
Wahrnimmt er mit dem dritten Auge hinter der Stirne
Ein verändertes Licht und weiß daß üppiger Schnee
Liebend das frierende Pflanzenvolk zugedeckt hat
Väterlich schützend die fetten Zwiebeln schöner Narzissen
Lilien Ranunkeln daß sie später wenns an der Zeit ist
Unsere Gartenbeete verzieren mit flämischen Farben.
Und bevor er sich wohlgefällig die Decke zur Nase zieht
Stürzt ihn ein böser Kobold noch einmal ins städtische Mietshaus
Wo er lau und ohne jegliche Nachricht von draußen
Eingegraben gelegen hat im dumpfen Gemäuer.
Nirgendein himmlischer Schein drang ihm da unter die Lider
Von Etagen umgeben die jedes frische Lüftchen verboten
Tappte er ohne Jahreszeiten gänzlich im Dunkeln
Lichtschächte warfen höchstens das Rufen verwilderter Tauben
Schaurig verstärkt von Mauer zu Mauer ihm in die Kammer
Statt gewaltiger Kranichzüge Ende des Sommers
Innezuwerden hörte er alte hustende Nachbarn
Ihre Wasserspülung bedienen nie gab es Stille
Ewiges Dröhnen und Brausen ließ die Ohren erstarren.
Aber nun hört er den Sturm durch den Eichenhain fliegen
Jetzt dringt ihm Schlittengeläut ins erleichterte Herz.

Vorläufige Verwurzelung

Auf den Kälberwiesen steht Wasser
Grasbüschelinseln und hüpfende Vögel
Eiskanten am ausgewachsenen Schneehemd
Die Elstern spiegeln sich schon und die Katzen
Gehen sanft ihrer Wege und jede
Zu anderer eigener Zeit sie schütteln
Die vorderen Pfoten sind majestätisch
Wie ein Sack Scherben klingen die Stimmen
Weidender Perlhühner und immer in Panik
Umgestürzte Schüsseln mit Füßen
Schlagen sie sich selbst in die Flucht

Die Sonne müht sich vergeblich
Der klaren Spiegel der Pfützen halber
Durch die Wolken gelangen im weit
Fortgeschrittenen Jahr, erschöpft sich
In großangelegten barbarischen Untergängen
So sieht die Erde am Ende des Tages
Ungewiß wie ein fremder Planet aus
Mehr noch in der folgenden Nacht
Sternbilder auf mathematischen Achsen
Die vertrauten nicht auszumachen im toten
Weltall oder untergegangen

Wenn ich eins finde muß ich so frei sein
An Raum und Zeit nicht länger zu denken
Sonst flögen die Sterne hart auseinander
Cassiopeia zerkrachte und ich
Hier auf der Kugel ach wassen Stäubchen
Mit meinen ausgeworfenen Ankern

Kindern Katzen Geliebten einhundert
Tulpenzwiebeln im Erdreich Ranunkel-
Händchen daß ich nicht ausreißen kann
Und mich der Irrsinn nicht anfällt

Angehäufter nützlicher Tand
Schafe Post ertrunkener Dichter
Sensen und Sicheln verjährtes Gras
Gummistiefel für schaurige Moore
Schlüssel für Nichts und Wiedernichts
An fernen Küsten habe ich Schwalben
Wahrlich ein Hausstand der leben läßt

Teelöffel der unbekannten Urgroßmutter
Die Verbotenes dachte während ihr Blick
Ranken folgte auf dem silbernen Ding
Hin in den Stall ging Schön
Hühnchen Schön Hähnchen der unverantwortliche
Kuckuck flog übers Dach

Dritter Wurf

Die jungen Katzen stürzen regelmäßig
Eh sie die Leitersprossen erreichen
Vom Heuboden ab auf das Pflaster des Kuhstalls.
Nach dem ersten Todesfall wirft der Bauer
Stroh unter die Luke die grauen Geschwister
Übernehmen am mütterlichen Bauch
Die Zitze des Wegbereiters ihre Chancen
Zu überleben sind sprunghaft gestiegen.

Der grüne Doppelgänger

Der Himmel bezog sich flatterndes Dunkel
Steht über dem Sumpfloch vollgetrunkenes
Torfmoos hängt sich erschreckend und schwer
An meines Wiedergängers Füße der sich
Nicht fürchtet unter den Fittichen dunkler
Kriechender Wolken und doch vergeblich
Nach dem Abendstern ausschaut nun schöpft er
Atem und sucht seine einzige Seele
In vielen Wasserspiegeln Kreise zu Kreisen
Geordnet schwarze Beeren abgestorbene Halme
Das rostrote Wasser leuchtet und dampft

Ich stelle die Lampe ins Fenster erwarte
Den Abtrünnigen Stunde um Stunde
Sehe ihn allerwege den treulosen
Unseßhaften flüchtigen Flüchtling
Verknotete Haare zerkratztes Gesicht
Nasse Fußspur verwilderte Worte
Schwenkt Teufelskralle und Rautenzweig
Spiegelt sich schon in der Scheibe geht
Durch das Glas mir in den Leib ist in
Wirklichkeit untergekommen.

Der Winter

Purpurfahnen. Roter Rauch aus den Häusern.
Verrückte ausgepreßte Seelen fahren auf.
In Sonnenblut getauchte Korallenwälder.
Rote Treppen am Himmel die Krähen
Fliegen von Stufe zu Stufe Herzkrähen
Vor Gottes uneingenommenen Thron.

Reglos

Der Tag kommt an aus den Wäldern
Unsichtbar es schneit in die Grenzen
Von gestern und heute ich kann
Auf der Erde nichts unterscheiden
Alles ist ununterscheidbar und gleich
Die Spuren der Wölfe der Lämmer
Die erfrorenen Hasen deckt Schnee
Er legt sich auf umgeblasene Bäume
Die lebenden will er ersticken
Er läßt die Bäche verschwinden
Moore und Teiche Felder alles ist
Gleich tot und begraben im Dämmerlicht
Sinkender drehender Schnee die Augen
Verwirren sich schwarze Flocken
Asche fällt nicht steigt auf oder der Himmel
Läßt sich herab weil die Geschöpfe sich ducken
Atemlos reglos die Stille wesenlos mondlos
Es ist nicht hell und wird nicht dunkel
Niemand geht auf den Feldern die Felder
Totenfelder wachsen hirtenlos stündlich
Der Schneefall dauert lang wie mein Leben
Ich habe den Namen der Ortschaft vergessen
Und die Straßen aufgehobenen Plätze
Wir befinden uns kurz nach dem Frieden
Wir können uns nicht erinnern was
Alles geschah das ausgelöschte Bewußtsein
Menschenleer gedankenlos kein Licht
Kein Schatten gepunktete Bilder und nur
Die Kraft sich nicht zu bewegen.

Das Gehäuse

Es ist dunkel im Haus Wassergardinen
Fließen vor den Fenstern bis zum Dreikönigstag
Wird die Weihnachtstanne geduldet
Auf den Lichtstümpfen zucken die Flammen
Wind drückt das dichtgefaltete Wasser
Eng an die Scheiben es blühen die
Zwiebelgewächse weiß blau und rosa
Die Dunkelheit fällt aus den Ecken
Schleicht über die Schwellen verkriecht sich
In sich selbst und unter die Betten
Die Stille quillt aus Truhen und Schränken
Und in der warmen greifbaren Düsternis
Die ich durchstoße die sich hinter mir schließt
Die wie violetter Samt herumhängt sich
Aufrollt und bläht in jedem Topf sitzt
Traktiert der den ich liebe plötzlich den Flügel
Mit zu Tränen rührenden Stücken
Die Katze kippelt auf ihrem Lieblingsstuhl
Die Dachrinnen laufen über an den
Vorbestimmten Stellen die betrunkene Seele
Des Zimmermanns klappert im Dachstuhl.

Moorland

Erst springe ich über die Gräben
Die seidenen Unterröcke leuchten
Im rostbraunen Wasser der Wind
Bläst mich von Sode zu Sode im Kreis
Roter niedergeschlagener Gräser
Blasen steigen auf aus den Tümpeln
Grünfunkelndes Moos es keuchen
Die zerbrochenen sinkenden Erlen
Speckige Pilze Koboldkanzeln.
Bedecken flatternde Maste
Wie Patronen glänzt der Kot wilder Tiere
Der blitzgespaltene kopflose Stamm
Stellt sich mir in den Weg
Mit ausgebreiteten flehenden Armen
Die Ratte die ehdem mein Gutsherr war
Läuft voran auf befestigten Boden.

Schneelose Zeit

Ende Januar in frostklaren Nächten
Setzen die langwierigen Saturnalien
Der ungebundenen Dorfkatzen ein Schreie
Daß dem Menschen die Knochen frieren.
Später bespringen sich Autos die Pfauen
Brülln fürchterlich diese Sucht
Die Welt mit Pfaueneiern belegen
Und Ochsen erwürgen sich
In dumpfer Erinnerung es ist die
Schneelose Zeit in der die Erde
Einen Aschemantel herzeigt die Gänse
Das Land aus den Lüften betrachten
Viel Unterirdisches sich zuträgt
Die Gasfackel über dem Moor steht.

Kopfrechnen

Der weiße Nebel ist dem grauen gewichen
Die abgesonderten Höfe die leuchtenden
Mistplätze wenigen bunten Hähne
Vermögen nichts gegen die Trauer
Nach Wattenmeer riecht es zer-
Brochenen Deichen Wintertragödien
Verschollene Namen nach Jahren
Taucht der Mantelknopf auf Not
Schleust der Nebel in niedere Häuser
Die Kälber verscheißen sich und die Milch
Wird flockig graue Geschwüre
Liegen die Felder die räudigen
Wiesen randvoller Unglück schwarz
Rauchende Bäche ohne Bewegung.
Eine Mattigkeit sondergleichen
Ließ Flüche und Seufzer verstummen Stille
Dröhnt in den Ohren mit Maulwurfsgesichtern
Sitzen Greise hinter herabfallenden
Schweren Gardinen zählen die Gräber.

Wenn das Eis geht

Das schöne Mühlrad in meinem Kopf
Unaufhaltsam dreht es sich eingedenk
Mit seinen Schaufeln Versunkenes heben
Es überschlägt sich der Strom hinter den Augen
Ist trübe und klar Strohpantoffeln
Abgeschnittene Locken Heiligenbilder
Treiben darin ersäufte Katzen und
Freundesleichen zuhauf viel Spreu wenig
Weizen gelangt auf den Mühlstein mitunter
Stöhnt das Getriebne bleibt stehn
Was sich verfangen hat bricht mir
Womöglich das Herz mein Mühlbach
Ist ohne Vernunft wenn das Eis geht
Das Rad dreht durch wirbelt Gelächter
Mir in den Leib lockere Sprossen
Schlagen das Unglück kaputt die Schwalben
Fliegen zum einen Ohr rein zum anderen
Raus

Reif

Die Tage sind endlos weiß der Eismond
Die Schneesonnen ziehen im Nebel
Viel Rauhreif fliegt an legt sich
Um Zweige Gräser und Schilf
Jeden Spinnfaden hebt er leuchtend hervor
Schlittenleinen Fransen und Troddeln
Erschafft er an einem einzigen Morgen
Wächst den Bäumen strahlendes Laub
Stäubt wenn mittags die Schneekönigin
Von den Magnetgebirgen herabfährt
Ach sie will dich mir wegführn fürn
Paar Schlittschuh Eisvogelflügel
Ich schlage sie glatt in die Flucht
Mit Flintenschüssen da lenkt sie
Nach Jütland ein läßt noch
Den See zerspringen

Der weiße Wald reicht in den Himmel
Übergangslos verliern sich die Äste
Die schneeblinden Augen erholn sich
Bei frischen Maulwurfshügeln und Krähen
Der japanische Kirschblütengarten
Ein weißes endloses Schneewehpoem
Kälte und Schönheit ein verdecktes
Schlachtfeld ausgelöschte Schritte
Und wie Inseln darin verschiedene Haikus
Die Taube im Käfig des Reifbaums
Flattert ein klopfendes Herz
Der Eismond die Schneesonnen
Wühlen sich vor aus dem Milchwald
Aus den Zweigen stürzen Lawinen
In weißen Säcken herab auf deren Grund
Blei liegt.

Tempus hibernum

Wenn die Verzauberung nachläßt der Frost
Eine Pause macht Kräfte sammelt die Wiesen
Fast wie im Sommer liegen der Schnee
Ein dreckiger Rest ist auf glänzenden Teichen
Schmelzwasser steht wenn das Dorf
Seine Stalltüren öffnet die vorjährigen Kälber
Einen Nachmittag traben dürfen und es rundum
Nach Mist Kuhstall und Maismieten riecht
Wenn die Bauern im Wald Holz schlagen die Spechte
Im Garten versammelt sind die Sonne bedächtig
Und eingeschrumpft im immerwährenden Nebel
Hinfällig doch früher den Gang in den Äther wagt
Eine Dorfausgabe eine einfache nützliche
Sonne von der man noch hören wird
Wenn die Felder ihre Vornehmheit ablegen
Die Verwahrlosung sich herzeigt zusammengestürztes
Gewöhnliches Dasein Mistfladen vom vergangenen Sommer
An Ort und Stelle erscheinen Baumruinen
Unter tollwütigen Wolken vagabundieren
Die schwarzen Seelen der Krähen
Auffahren im Wind wenn das Leben
Also eintönig trist und vulgär ist
Unter unholden mürrischen Menschen bin ich
Froh in landläufiger Gegend.

Lichtmeß

Mutmaßliche Kälte treibt die Sperlinge
Gottes windzerblasene Haferkörner
In Scharen durch die Zäune über die Wiesen.
Der scharfe Nordwind der Messerstecher
Trennt die Lebenden von den Toten.
Es zeigen sich allerorten die bärtigen
Fichten des Waldes und Trinker
Mit Kaninchenaugen streben dem Dorf zu.

Der Trochel

Verbogenes Holz das der Wind
Atemlos überfällt und verläßt
Nebel und Wolken ziehn
Durch die ausgebreiteten leeren
Häupter und Vögel und Blitze
Fahren hinein Seufzer
Hingegangenen abgestorbenen Lebens.

Alles war hier vor langer Zeit.
Der zugeschüttete Teich ist gewandert
Den verlassenen Hof hat der Wald
Geduldig zurückgenommen.
Das schwarze Huhn auf der Lichtung
Zeigt sich am Mittag und scharrt
Nach Ohrringen aus Dukatengold.

Die Heide

Die Sonne blendete mich ich ging
Auf irischer Heide
Schnepfenvögel eilige klappernde Flügel
Trugen Herzklopfen ein
Birken schlugen mir grob auf den Rücken
Von weitem hörte ich
Äxte stürzende Bäume
Eine Zeitung die ich nicht lesen konnte
Trieb im Wind, aus den Dünen
Kamen Gestalten mit lichten Haaren
Augen wie Sterne schwebenden Füßen
Wie sie in alten Büchern
Beschrieben werden schossen sich nieder.

Bewandtnis

Der Pfau verachtet den Hühnerstall lieber
Sitzt er nachts auf dem Schornstein
Wärmt sich den Steiß. Das dünne Mondlicht
Macht ihn gewaltig eine Feder das Auge darauf
Bedeckte mein Fenster. Am Morgen
Fliegt er vom Dach es wird hell.

Kahlfrost

Die Natur hat einen Grad der Kargheit
Und Verkommenheit erreicht der durch nichts
Überboten werden kann, grau und verkrustet
Tiefgefroren liegt die Erde darnieder kein Aufwand
Mit jagenden Wolken Schneefall ovalen Sonnen
Die Verzauberungen sind gänzlich abgeschlossen
Die Feste wurden sämtlich gefeiert die erwarteten
Kälber geboren die Fenster im Kuhstall lange geputzt.
Die Bäuerinnen häkeln schwarze verdrossene Spitzen.

Anfang des Tages

Die Treibhausblumen leuchten in der
Dämmrigen Diele, hinterm Rücken des Hauses
Feiert die morgendliche sehr frische Sonne
Märzorgien die Alte ist wohl durch den
Winter gelangt schmückt sich mit Glaube
Liebe Hoffnung die Krone stachelt Vögel
Zu Lärm an sie schleppen Halme stürzen
Und steigen und Katzen schweben nach
Der Maulwurf beginnt sein einsames Handwerk
Alte Frauen gehen in Gärten sie zählen
Blumen vertreiben Hühner glätten Mulden
Sind sehr zufrieden über der Erde wenn sie
Der Männer gedenken die schon am Rande
Des Dorfes angelangt sind in Särgen.

Zeitung

Spät wurden in diesem Jahr die Schafe geschoren
Die Kühe drängten sich länger als sonst in den Ställen
Wenn die Bauern elektrische Zäune flickten
Hörten sie diesmal umsonst auf den Kuckuck
Die Schwalben kamen im letzten Moment hatten Mühe
Auf leichten Flügeln ihr Mahl zu erlangen.
Dieser harte und gnadenlose sehr lange Winter
Der Schneepflug am heiligen Osterfest ließ die Menschen
Erstarren und unempfindlich gegen geringe Freude
Ihre Sisyphosarbeit tun alle Rosen
Waren auf Jahre erfroren und noch in kleinen Blättern
Fanden sich Mutmaßungen über kommende Kriege.

Unauslöschbares Bild

Das müssen die Vorgängerinnen im Blick gehabt haben im Frühjahr oftmals durch die Jahrhunderte sonst könnte mein Seelencomputer nicht so zu rasseln beginnen Verbindungen knüpfend zu bestimmter Empfindung. Dieses alte einfache Bild ist ein gewaltiger Anblick, das bewirken die Dolomiten nicht nicht der Zürichsee in verschiedener schöner Beleuchtung. Ruckartige Freude, die Gewißheit auf der Erde zu stehn. Nie habe ich ehrwürdige Schränke Barockgemälde alte Ringe geerbt
Nur die Erfahrung steckt in den Knochen
Einer Wiese im fettesten Grün
Gelbe und weiße Blumen und blaue
Glänzende niedrigfliegende die Gräser
Berührende Schwalben in ihren
Schnellen lebendigen Mustern.

Gloria

Das Reich der Pflanzen gewinnt an Boden
Breitet sich aus unaufhaltsam und mächtig
Seine Farben die Banner in fünf Etagen
Wehen an Eschenschäften auf in den Himmel
Die platzenden Wiesen verschlingen die Kühe
Hellgrüne Ketten von Erbsen des Rettichs
Durchziehen den Garten kopfgroße Blumen
Locken Hummeln und Käfer ins Licht
Das närrische Unkraut viel Stengel
In eine Pore gestopft rote Pestwurz
Welscher Kümmel Knöterich Mohn alles drängt sich
In alter Weise unter der Sonne die letzten
Patronen des Winters schönes Wasser
Darin nun die Frösche rudern
Und wie verschwenderisch gehen die Veilchen
Mit ihren Kindern um eine Schleppe
Frischer Pflanzen in allen Größen
Führt vom Hügel über die Wege die übrigen
Beete die Treppe unter die Tür.

Die Ausschweifung

Keinen Hut nur die Hennahaare aufm Kopf
Unter Mittag leidenschaftlich den Pfeilen
Der Sonne ausgesetzt in strahlenden Beeten
Ohne Schatten von Haus und Baum
Kniend verwünschtes Unkraut ausreißen
Wunderbare sich selbst verschlingende
Wiedergebärende Kreise lackrote Räder
Drehn sich im Kopf Schwärze und
Schwindel brechende Dämme
Hundegebell am Rand des Bewußtseins
Der Kuckuck aus einer anderen Welt
Die Reihen schlingern im Beet Borretsch
Und Pimpernell tanzt durch die Melde
Nur die Hände sind ganz lebendig
Sinken und steigen
Wie ein Paar Schwalben.

Die Dämmerung

Es ist dunkelgrün unter dem Regen
Den alten Gewölben der Eichen
Halshoch das ungeschnittene Gras
Die tiefen schleifenden Wolken
Treffen Menschen die auf dem Grund
Des Meeres in versunkenen Dörfern
Träumerisch umgehn und Hunde schweben
Durch ein widersinniges Dasein
Die schwarzen Algen der treibende Tang
Schwimmenden Vögel fliegenden Fische
Bringen viel Unruhe mit sich
Über den Dächern sehn wir die Kiele
Englischer Kriegsschiffe ziehn.

Gärtners Weltbild

Die Erde ist flach ein Teller
Die Sonne wandert von Ost nach West
Winde fallen aus ihrer Richtung
Kälte bringen sie Dürre und makellos
Tiefgrüne Felder langwierige Plagen
Goldgebänderter Raupen ein Riese
Liegt der Garten im Garten
Das Rückgrat die Rippen die Wege
Wasseradern verzweigt unterm Pelz
Die wetterwendische Haut
Des Gärtners gleicht schon der Erde
Schöne Falten und Augenmuster Geduld
Und Hoffnung mit Löffeln gefressen platte
Landgängerfüße vom Gießkannentragen
Die leichte ausdauernde Seele
Geht und kommt wie sie will.

Steinherz

Kalte Füße mitten im Sommer nach der
Pfingsthitze der Backofenglut endloser Tage
Schafskälte sie geht den geschorenen
Tieren den Menschen hin auf die Haut
Macht ein tragbares unempfindlich
Schönrauhes Herz das die Bilder
Verschiedener junger Kriege
Auf dem Planeten aushalten läßt.

Nach der Nacht im Wirtshaus gehen die Bauern
Reumütig Steckrüben pflanzen im Wind.
Die Bäume verneigen sich und es blüht
Mit blanken Tellern verwunschner Hollunder
Totenaugen im Schatten der Blätter
Selbstvergessenes Plappern und Seufzen
Runde dörfliche Regen
Schütten sich aus und die Vögel
Rufen Menschennamen über die Felder.

Die Zeit eilt hin mit Bächen und Strömen
Sonntags jagen die Jäger mit drängenden
Hunden
jagen das Hasenherz, hinüber durch die
Schonungen

3.6.

Halbverpupptes Gottes Gewürm erdfarben
Hilflos gefesselte Käfer so harte
Ausdünstung daß der Rettich verdorrt
Tiefversunkene steinerne Tränen
Einblick in tiefere Schichten im Garten
Die Sonne schleudert unbarmherzige Hitze
Dem Grabenden auf den gebeugten Rücken
Flüche hört er verstohlener gestalten und
Den uralten Hinblick das Gebein gewisse
Der frommen einfältigen Lerchen dauerhafter
Als Ackerpferde die allerorts fehlen

~~Das Ackerpferd überleben~~

Er staunt ins harte brennende Licht

Er steht im harten brennenden Licht
Wolkenlos Gottes Thron

Der frommen einfältigen Lerchen Er sieht
Im weißen brennenden Licht
Wolkenlos Gottes Thron auf dessen
Stufen die heiligen Ackerpferde stehen ~~[illegible]~~ dichter
allerorts fehlen.

Die Entrückung

Die Sonne schleudert unbarmherzige Hitze
Dem Grabenden auf den gebeugten Rücken
Flüche hört er verschollner Gestalten
Den uralten Kuckuck und das Gewese
Der frommen einfältigen Lerchen er sieht
Im weißen brechenden Licht
Wolkenlos Gottes Thron, auf den Stufen
Die heiligen Ackerpferde stehn
Die nun allerorts fehlen.

Lamento

Alles wächst mir über den Kopf
Kletterrosen angenommene Bäume
Lange vergessen die knorrigen Pfähle
Boreas standzuhalten die sanften
Wassergüsse und Torf und Reisig
Über die wunden Füße vor Wochen
Kämmte ich ihnen Kerfe und Raupen
Körbeweis aus jetzt stehn sie
Grün und elegant an den Ecken
Lungern ums Haus sehen auf mich
Ihren Sklaven rauschend herab
Und werden mich glatt überleben
Bohnen pflücke ich von der Leiter
Der Kürbis flegelt sich faul in den
Beeten Sonnenblumen und Mais
Klopfen mir auf die Schultern
Das Kind geht in meinen Schuhn
Erhaben über den Wolken.

Atempause

Der Himmel ist rauchgrau aschgrau mausgrau
Bleifarben steingrau im Land
Des Platzregens der Dauergewitter
Die aufgequollenen Wiesen die Gärten
Verfaulen und Hunden sind über Nacht
Flossen gewachsen sie tauchen
Nach jedem silbernen Löffel der
Aus dem Fenster fällt wenn augenblicklich
Behäbige Marmeladen bereitet werden
In Küchen bei gutem Wetter durchflogen
Von Bäurinnen Heu im Gewand Dampf
Im Hintern auf Rübenhacken am Mittag.

Zugeflogene Rose

Ersprießlicher ist der Umgang mit Pflanzen
Sie kehren wieder oder es herrscht
Gewißheit daß sie in einem einzigen Sommer
Ihr grünes Leben verschleudern Unfälle
Sind leicht zu ertragen die abgemähte
Einst zugeflogene Rose
Wird durch den Kürbis ersetzt und die
Bäume sind fast unschlagbar
Dauerhafter als der eigene Leib
Braucht der Liebhaber sich nicht
Um ihr Fortkommen sorgen der Tod
Hinsinkender sturmgebrochener Riesen
Ist ein erhabener schmerzloser Anblick.

in einer zugeklappten Puderdose)

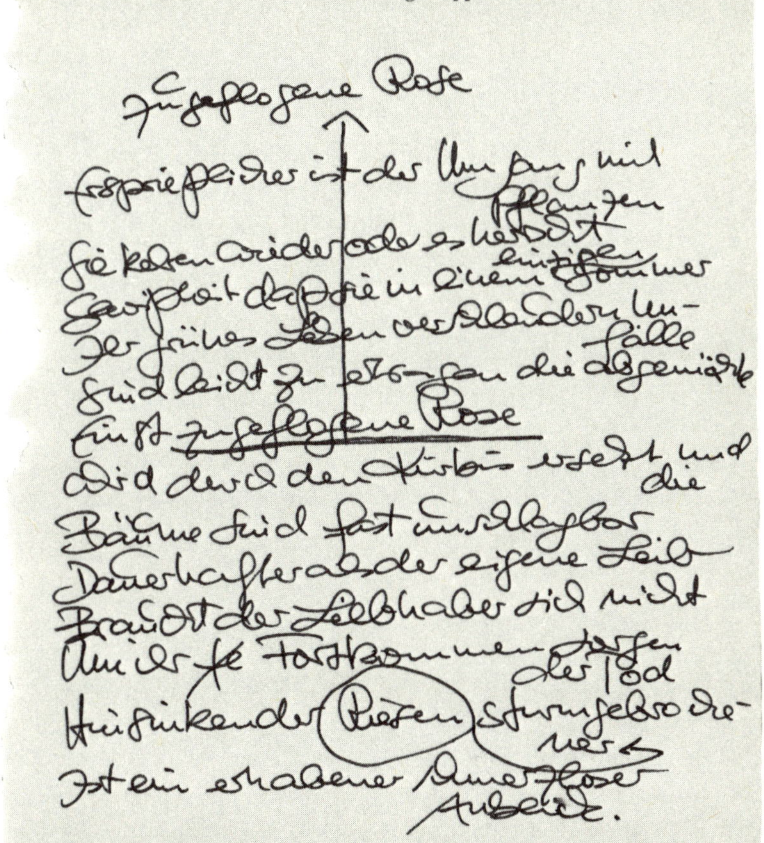
Zugeflogene Rose

Ersprießlicher ist der Umgang mit Pflanzen
sie kehren wieder oder es herbstet
Gewißheit daß sie in einem einzigen Sommer
Ihr frühes Leben verschleudern Unfälle
sind leicht zu ertragen die abgemähte
eine zugeflogene Rose
wird durch den Kürbis ersetzt und die
Bäume sind fast unverklagbar
Dauerhafter als der eigene Leib
Braucht der Liebhaber sich nicht
Um ihr Fortkommen sorgen
der Tod
Hinsinkender Riesen Sturmgebrochener
Ist ein erhabener Dunenflor
Arbeit.

Leben

Der Wind öffnet und schließt
Unaufhörlich die Stalltür
Winseln und Stöhnen
Rings in den Lüften
Wellen durchlaufen den Körper
Eines fuchsroten Katers der über
Die ungeschnittenen Wiesen geht.

Weglos

Die Wege im Garten sind untergegangen
Alle Pflanzen verstrickt und verknotet
Ein lebendiger schreiender Teppich.
Das Volk geneigter Sonnenblumen
Hat eine Mauer errichtet.
Es bleibt nichts andres als schwebend
Der Nabel die Zehen deuten zu Boden
Den Rock aufgebunden über dem
Sitzfleisch das im Sommer nichts taugt
Der Arbeit nachkommen in leichter
Überirdischer Haltung rauchend die
Bienenpfeife.

Blaue Kugel

Wenn ich mir jetzt einen Pfarrherrn
Meines Vaters Vater betrachte
Wie er vor Jahren den Garten betrat
Die Sonne schoß durch die Zweige
Die Ranken Jelängerjelieber
Streiften sein Predigermaul
Er sah in der kopfgroßen gläsernen
Kugel die gebogene Welt
Zuvörderst sich selbst im glänzenden
Schwarz einen alten Hut
Auch aufm Kopf wie er atmete wie die
Derbe polnische Landluft
In ihn strömte der Nase entwich
Er blies einen Falter
Nach Krotoszyn hin und die Sonne
Wärmte den Leib ihm gehörte
Der Tag hier er ging
Ohne an jemand zu denken
In die runden gewölbten Wälder
Es ist ein merkwürdiges Gefühl
Ihn so aufrecht zu sehen in seiner
Gegenwärtigen Zeit die auch in Zukunft
Vergangenheit heißt wie die meine.

Die Verdammung

Weil ihm zu sterben verwehrt war
Angekettet dem heimischen Felsen der Blick
Auf die ziehenden Wolken gerichtet und immer
Allein die Bilder im Kopf stimmlos
Vom Rufen Anrufen Verdammen
Das Leben fristen war nicht zu bedenken
Göttliche Hinterlist nährte ihn so gewöhnte
Er sich langsam ins Schicksal nach Jahren
Sah er den Adler gern wenn er nahte und sprach
Stotternd mit ihm bei der Verrichtung

Oder mit entzündeten Augen verrenktem Hals
Weil der Flügelschlag ausblieb die niederen Wälder
Aufschub ihm angedeihn ließen um Tage
Harrte er des einzigen Wesens und glaubte
In der Leere des Winds der glühenden Sonne
Wenn der Fittiche Dunkel fürn Augenblick
Erquickung schenkte geborgen zu sein
Liebte den Folterer dichtete Tugend ihm an

Als die Ketten zerfielen der Gott
Müde geworden an ihn noch zu denken
Der Adler weiterhin flog weil kein
Auftrag ihn innezuhalten erreichte
Gelang es ihm nicht sich erheben den
Furchtbaren Ort für immer verlassen
In alle Ewigkeit hält er am Mittag
Ausschau nach seinem Beschatter.

Katzenleben

Aber die Dichter lieben die Katzen
Die nicht kontrollierbaren sanften
Freien die den Novemberregen
Auf seidenen Sesseln oder in Lumpen
Verschlafen verträumen stumm
Antwort geben sich schütteln und
Weiterleben hinter dem Jägerzaun
Wenn die besessenen Nachbarn
Immer noch Autonummern notieren
Der Überwachte in seinen vier Wänden
Längst die Grenzen hinter sich ließ.

Katzenleben

Aber die Dichter lieben die Katzen
Die nicht kontrollierbaren sanften
Freien die den Novemberregen
Auf seidenen Sesseln oder in Lumpen
Verschlafen ~~[illegible]~~ verträumen stumm
Antwort geben sich schütteln und
Weiterleben hinter dem Jägerzaun
Wenn die ~~[illegible]~~ besessenen Nachbarn
Immer noch Autonummern notieren
Der Überwachte in seinen vier Wänden
Längst die Grenzen hinter sich ließ.

Gebannt

Tagelanges Rauschen des Winds
In alten bewegten Bäumen
Er fährt ihnen ins harte Laub
Daß die ausgebreiteten Äste
Aufgeworfen werden mit flehender
Widersetzlicher Gebärde
Schon fallen Eicheln zu Boden
Hellgrüne Pfeifchen voll Bitternis
Das junge erstaunte Vieh
Duckt sich über den Wurzeln ins Gras
Anhaltendes hohes Tönen die singenden
Zungen die Blätter der Nachhall
Hinter der Stirn erzeugt eine Demut
Die reglos gefangen hält.

Spinnengarn

Nebel weht Töchter des Herbstes
Auf großen blassen Füßen springen sie lautlos
Von Tür zu Tür strecken sich in die Kronen
Der Bäume die nun allerorts Früchte tragen
Heften die Tücher das Laken der Windsbraut
An Dachrinnen fest daß uns der Blick
Verwehrt ist Aussicht ins grüne Land
Durch die Erinnerung geschieht
Einmal der Landkartenleib einer tragenden Kuh
Auftaucht aus feuchtem flatternden Leinen.
Die nahen Blumen der Türsteherwacholder
Sind völlig verstrickt Spinnengarn weißgraue Schnüre
Hängende Brücken verspannte Pfeiler Gewölbe
Um schwarze Beeren und Wassertropfen stumpf
Ohne die abgeschlagene blitzende Sonne.
Nicht der geringste Ruf keine mächtige Stimme
Dringt uns ins Ohr wenn wir frierend
Auf Steintreppen stehn die nirgendhin führen.

Querfeldein

Wir sprachen unterirdisch erst durch die
Heide Steingräber heulten im Wind dann
Mecklenburg Brandenburg durch und es war
Ein herrlicher Morgen Veilchenwolken
Über Chausseen hochfliegende Schwalben
Wir hörten die Kühe über den Kabeln
Unsere unvergeßlichen treuen Stimmen die
Kiebitze ordentlich schrein die Sicherheit
War mit von der Partie Elke sagte
Wie mühsam es ist Tag und Nacht
Ein Atemloch offen zu halten ich sah sie
Im lichtlosen Wald als es grenzenlos schneite
In durchgelaufenen Turnschuhen stehn.

Bäume

Früher sollen sie
Wälder gebildet haben und Vögel
Auch Libellen genannt kleine
Huhnähnliche Wesen die zu
Singen vermochten schauten herab.

Mesembrianthemum ?

Wasser-Zählerstand
00280
Strom 2153,5 TH

Die abgeschlagenen Köpfe der Hunde
schweben im Nebel über dem
diesem
Denn der schönste Pfarrer am
Abend
mit roten Augen im Dorfspiel
umherirrt.

Halb steht die Sonne über
dem
Wald halb ist sie unter.

Altona 13^{23}
13^{39}

Weltrand

Die abgeschlagenen Köpfe der Kühe
Schweben im Nebel über den Wiesen
Wenn der gehörnte Pfarrer am Abend
Mit roten Augen im Torfstich umherirrt.
Die letzten Vögel des Sommers reden
Mit vernünftigen menschlichen Stimmen
Es gilt Abschied zu nehmen von allen
Vertrauten Blumen und Blättern.
Halb steht die Sonne über dem
Wald halb ist sie unter.

Geröll

Mühlsteine Schleifsteine aufgerissene
Schern spitze Messer wohin ich auch
Blicke leere Himmel abgestorbene
Felder die überschlagenden
Glocken im Turm der Leichenzug
Weitsichtbar auf dem einzigen Hügel
Grabsteine Flursteine der hohe Mut
Flog mit den Schwalben davon.

Unausweichliche Kälte

Ich saß mit einer weißgrauen Katze
Die keinem gehört in der späten
Langsam verlöschenden Sonne
Trägheit umgab uns daß wir
Nicht fähig waren den Ort zu verlassen.
Die Kühe rupften am spärlichen Gras
Und husteten mit menschlicher Stimme
Die Katze war schwanger ein hartes Leben
Zeichnet sich ab vor fallenden Blättern.

Feuerofen

Die Toten steigen im Herbst auf aus den
Strömen und Flüssen willfährige Winde
Führen am Himmel bewegte Bilder den Ausgang
Mördrischer Schlachten vor hingeworfene
Leichen erfrorene Seelen geschnürte
Kehlen Körper von grauen Fetzen gehalten
Schweben über den weggebückten ackernden Menschen
Eh sie zerblasen werden die Sonne
Im Spiegel des Himmels erneut
Trostlos pathetische Wolken
Aufstehn und wandern läßt.

Dunkelheit

Und wenn sich die Stimmen Schwester es
Brennt der Wildgänse nachts überschneiden
Geh ich von Fenster zu Fenster höre die
Sturmgeschüttelten Bäume
Anklopfen um abgefallene Blätter.

1985

Wegelagerei

Dieses unvergeßliche Grün
Und ein falber Schein
Über die Erde geworfen ich geh
Durch die Sümpfe mein sanfter Hals
Stößt vor in ein anderes Leben.

Die Schwestern Brontë fahrn auf dem Fluß
Mit Hüten wie Eisentöpfe
Einer mähte am Ufer das Gras ab
Wirft den Brunnen an im
Zerfallenden Haus

Für Barttassen Brautlaken
Bäuerlich königliche
Nachtgeschirre das goldene Licht
Machte ihn närrisch bewegliche Schatten
Hochtrabender Wolken.

Landeinwärts

Lieber lieb ich den
Himmel die graue die schwarze
Luft als das faßbare Meer Gischt
Rosig vor Sonnenaufgang die Wellen
Traumhaft getürmt vor noch die Flut
Alles verschlingt viel Zeit
Für ne Abschweifung eingeschlossen
Verschiedene Aussicht die schöne
Grimmige Welt zum Küssen
Nah der Geliebte inmitten
Rollender Herden und später
Fliegen leichtfertige Bilder
Durch meinen Kopf prächtige Vögel
Sagen ins Ohr weshalb
Ich hier ging eine weiße
Springflut überm bröckelnden Haus
Die Fugen zierliche Schlangen
Bewegen sich und mein Maul
Lacht wenn alles zerbricht.

Die Ankunft

Der leuchtende Landstrich
Heißt mit Wasserlilien willkommen
Schwarzblühendes Feiertagsgras
Kniekehlenküsse und Zittern
Ausgebreitete Schatten im Wind Brach –
Vögel mit lächelnder Miene
Der geschlängelte der baumgefiederte Deich
Und Wolken von Schafen verteilt Treppen und
Stege dies Seelenländchen ein grüner
Himmel auf Erden die nimmermüden
Überquellenden Knicks sind ein Halt
Für meine weitsichtigen Augen.

Grünes Land

Die Koppeln die verstreuten zusammen-
Gewürfelten Höfe zusammengezimmerten
Schuppen kunstlos schmucklos nach Jahren
Erkennt man den Stil Anbauten an
Anbauten herzloses nützliches Blech
Vollgestopft derzeit mit mannshohen Rollen
Blendenden Strohs allenthalben geschleppt
Aus der fruchtbaren Marsch noch sind die
Tore geöffnet durchsichtig liegt alles
Vor mir ich werde winterlang wissen
Was die grüngestrichenen Kästen verbergen
Wenn mein Kirchspiel in Regen und Schlamm fällt
Feldgrau die einzige Farbe noch ist.

Die Verwünschung

Wolken prasselnder Stare im Sommer
Furcht und Verlangen nach bleiernem Himmel
Schneelastender Dunkelheit
Rauschen und Seufzer kahler Alleen
Purpurnen Zweigen kein Laut mehr
Von Treckern hitzeverrücktem Vieh
Verschlossene Häuser und Menschen
Abgetriebene Möwen aufm First und der Fluß
Gänzlich verlassen von Booten unter der
Eishaut wo jetzt Seerosen treiben die
Angler pausenlos sitzen.

Der Rückweg

Schon nachm zweiten Mond hier
Kalte Schauer Überfälle von Hitze
Wenn hinter Hannover aus schwarzen
Rotbunte Kühe werden und auch der
Himmel sich wandelt feucht
Grünblau jetzt das Gewölbe perlmuttene
Rundwolken drin die verbogenen Bäume
Der rasselnde Wind machten die
Seele betrunken sie flattert im Forst
Schwingt sich über den Tellerrand die
Ausgetrocknete Geest meilenweit abwärts
In die Ebne überlappender Moore
Das Netz rechtwinkliger Gräben.

Silber und Gold

Das Morgenlicht fernher kommend und
Schön rotblumig wie Oleander wirft einen
Kranz wenn der halbnackte Bauer
Das kühlende Hütchen schräg aufm Kopf
Früh um vier seine Wiesen abmäht.

Tilgung

Die eilig segelnden Wolken
Mir nichts dir nichts sind sie
Verflogen der Schatten
Rennt über Kuckuckslichtnelken
Engelwurzwiesen zuletzt
Schwärzt er die Krähen von
Abgestorbenen Bäumen.

Die Ebene

...meine geliebten
Tale lächeln mich an.

Die großen Bilder alltäglich
Deutliche Klarheit der Luft scharfe
Linien um Gräser und Wolken nachts
Der Teller des Monds auf dem Wasser
Die fliegenden Tiere der Erde
Schwere steigende Leiber die sanften
Hälse vertraulich dem Wind
Dargeboten wie soll ich
Müde werden es zu benennen
Bitternis sinkt allenthalben die Trauer
In unser Frohsein weggefegt
Wie die Blätter vom Baum die
Spielenden herbstlichen Mücken
Nach starkem Frost sind wir gleich
Eh noch der Atem uns ausgeht vernichtet
Wie gelassen wäre der Abschied
Könnten wir in leichter Gewißheit
Daß diese Erde lange noch
Dauert gerne doch gehn

März

Weiße Zähne die
Schneeglöckchenzwiebeln beim Graben
Schwarz schwarz das Erdreich o weh
Sagt mein Kind wenn es das Wort
Gras rückwärts liest oder Leben

Unterwegs

Mein Körper der mich begleitet
Lebenslänglich verfolgt
Von einem dunklen Schatten
Geformt wie ein Hund versessen
Um mich zu sein

Ein paar Worte mit Kreide
Auf die Straße geschrieben im
Regen

Stück Natur

Ins unbewohnbare Sumpfland sprudelndes Wasser nach jedem Schritt ausgesetzt sein, ein Stück Natur das sich durchbeißt. Der Sturm gibt die Richtung er kennt keinen Rückweg, die überwinternden slawischen Krähen müssen seine Straße jetzt ziehn, schwarze gleitende Wolken unter den andern und rufend. Ausgeblichene Gräser dunkle Maulwurfshügel geneigtes abgestorbenes Holz begleiten uns lange.

Stück Natur

Das unbewohnbare Sumpfland sprudelndes Wasser nach jedem Schritt ausgesetzt sein, ein Stück Natur das sich durchbeißt. Der Sturm gibt die Richtung er kennt keinen Rückzug, die überwinternden slawischen Krähen müssen seine Straße jetzt ziehen, schwarze gleitende Wolken unter den anderen und rufend. Ausgeblichene Gräser dunkle Maulwurfshügel geneigtes abgestorbenes Holz begleiten uns lange.

Holzsegen

Es ist die Zeit in der die Knicks ausgeholzt werden. Weithin scheinende Blessen zeigen sich allerorten an den verschiedenen Sträuchern gestauchten Bäumen und lockere Haufen der Zweige der Äste sammeln sich in den Gräben. Die Bauern die Wegelagerer machen einen großzügigen Schnitt

Die Verwandlung

Die Landschaft ward nun von
Fliehenden einträchtigen Katzen und
Mäusen bestimmt platzenden
Vogelschwärmen mördrischen tieffliegenden
Festungen aufspritzenden Erdfontänen.

Winterbesuche

Wir trinken ein paar Schlückchen Parfüm aus wundervollen Karaffen und halten die Füße ins Feuer wenn wir die Landkreise wechseln an der Kanalfähre die Glocke anschlagen. Nicht im Schlitten aber im Schneesturm gehts durch die Badeorte am Haus des Dichters des Schimmelreiters entlang worüber noch der Abendstern thront in den Schluchten furchtbarer Wolken wir auf dem leergefegten Tablett getragen vom knisternden Frost fahren von Leibgericht zu Leibgericht hin den wundervollen Karaffen.

Fernrohr

Der Nebel kroch durch die Zäune und teilte Schwärme von Goldammern aus, die in den Weidenbüschen sonderbar sprangen. Die goldenen Kehlen die Sonnenfarbe aus der Erinnerung nahm sich hübsch aus in den tropfenbehangenen Zweigen bis der Ton eines eisenbeschlagenen Stockes sie für immer vertrieb. Schon nahte der Wanderer auf schwankendem Boden versuchte am Flußlauf den begleitenden Ulmen sich halbwegs zu orientieren nach Dänemark rein. Darnach waren wieder für Wochen nur der Wind die immer lauter zwitschernden Vögel vernehmbar.

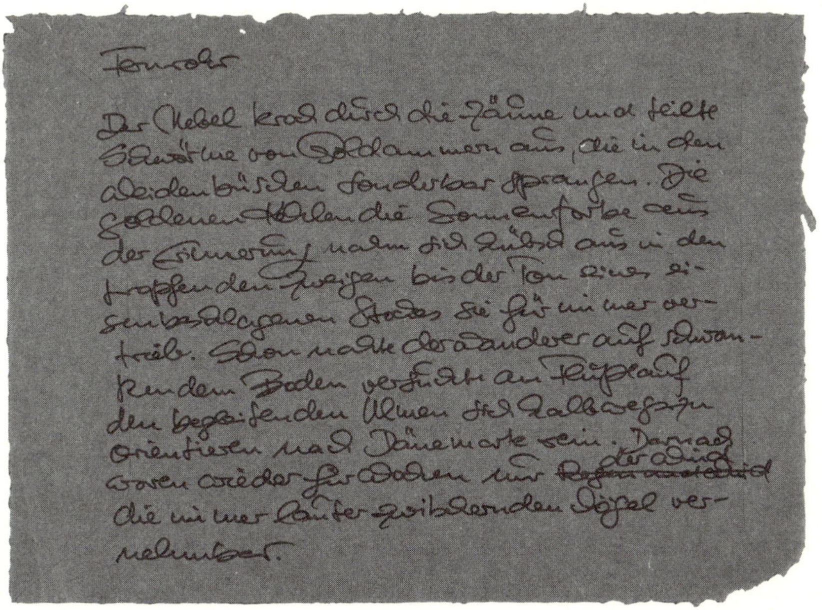
Fernrohr

Der Nebel kroch durch die Zäune und teilte
Schwärme von Goldammern aus, die in den
Weidenbüschen sonderbar sprangen. Die
goldenen Kehlen die Sonnenfarbe aus
der Erinnerung nahm sich hübsch aus in den
tropfenden Zweigen bis der Ton eines ei-
geschlagenen Stockes sie für immer vertrieb. Schon machte der Wanderer auf schwankendem Boden versuchte am Flußlauf
den begreifenden Ulmen sich halbwegs zu
orientieren nach Dänemark sein. Danach
waren wieder für Wochen nur ~~[illegible]~~ der Wind
die immer lauter zwitschernden Vögel vernehmbar.

Eis und Schnee

Von hier sind es fünfunddreißig Kilometer zum einen, fünfzig zum anderen Meer. Wenn der Sturm ausbleibt zwischen zwei Schlägen überfliegen verschiedene Möwen das Land und bringen später was ihr Name bedeutet. Jetzt liegen die Koppeln die sich kreuzenden Gräben wie eine Flickendecke, die blinkenden Wasser die Nähte Stacheldraht der eilende fliegende Faden bis an den Geestrand Moränengeschiebe der Eiszeit, ausgebreitet in einer Stille die den einen bescheiden einen anderen toll werden läßt. Die umgekehrten einzelnen Boote hinter dem Flußdeich krumme Klingen zerschneiden hellgraue Luft wenn es nach Schlick riecht im verspäteten Frühjahr. Der alte Landwirt mit der zerschossenen Hand läuft die Grasmiete in einer Art an, die auf undichte Gummistiefel schließen läßt.

Sonne und Mond

Es ist der erste Februar und das Eis raschelt auf der Eider in einem dieser zarteren Winde, eine Serie wüster Orkane zog schon vorüber. Die Nacht war klar, Orion das Schwert hing am Himmel, der Mond geht neuerdings sechsuhrdreiundfünfzig auf, da sitzt das Kind längst im Bus um auf irgendeine Weise doch in die Schule zu gelangen. Ein paar Stunden später frißt die Sonne den Reif von den Wiesen, die Schafe stehen in silberner Landschaft und weiden das verfilzte winterliche Gras.

Auf dem Deich

Als ich meine Schafe die sehr klugen Tiere nebst den Lämmlein an einem trüben doch windstillen Tag aus der Hütte hervorquellen ließ und sie ein wildes Springen begannen mit quergestellten schwarzfüßigen Körpern erschien mir der Wintertag blau. Sah auch wie unterm bereiften filzigen Gras die Knospen des Bocksbarts vom Schöllkraut sich ordentlich streckten und wie die Maulwürfe eilig zu traben begannen den Stollen dem einer Braut zu nähern. Ach ich sah weit voraus bis ins Magma der Erde bis mich die Feueradern erschreckten. Warf den Blick hochempor wo der Habicht sich wiegte, dann herabfuhr, das bekam was er wollte. Die mistfahrenden Bauern weit in der Ebene drin im Netz der Gräben gefangen konnte ich an ihren Hütchen erkennen und mit verschiedenen Namen mir vorstelln. In den Fischgrätenbäumen hüpften die Vögel und schrien eingerosteter Stimmen. Die Lämmer suchten nach ihren Müttern wedelten mit kupierten Schwänzen wenn sie das Euter über sich hatten. Alles war nur ein freundliches Bild und wie geschaffen für Postkartenfotografen wohin man auch blickte.

Hahnenschrei

Es ist ein nettes Gefühl so früh am Morgen weit vor das Haus zu treten wenn die Lerchen in der eiskalten Luft sich befinden und mit Singen befaßt sind. Die Höfe mit ihren Kuhstallichtern wie vertäute Schiffe liegen sie weit in der Ebene drin und die Stalltüren gähnen alle Augenblicke mistkarrende Bauern hervor und es hat schon den Anschein als würden die Fröste länger nicht dauern. Wenn man ein Pferdchen besäße man könnte es ohne Zögern besteigen und auf der Kruppe des Deichs dem Flußlauf tagelang folgen ohne an Umkehr zu denken. So aber wird man zu Fuß durch den löchrigen Nebel gehn seine Pflichten erfüllen.

Nachwort
Ein Spiegel mit mir darin

Ein geneigter Leser – und welcher wäre den Gedichten Sarah Kirschs nicht geneigt – der je nach Lust und Laune wiederholt ihre Verse liest, wird sich irgendwann fragen, aus welchen Gründen ihn diese bunten Wortkaskaden so nachhaltig beeindrucken. Worin denn liegt die Attraktion derart substantivreicher Gebilde? Und nach solcher Frage mag sich der Leser vielleicht daran erinnern, daß ein früherer Band unserer Dichterin den verräterischen Titel »Zaubersprüche« trug. Und daß damit wahrscheinlich ihren Gedichten so etwas wie ein programmatisches Motto gegeben war.
Mir, der ich natürlich ebenfalls ein geneigter Leser bin, scheint das Geheimnis der Gedichte sich vor allem aus zwei Komponenten zusammenzusetzen. Die eindeutigere und auffälligere ließe sich etwas vergröbernd als »Märchenhaftigkeit« bezeichnen. Denn verdächtig oft entdeckt man entsprechende Anspielungen, welche »tonangebend« sind:
»Der persische Teppichverkäufer / Fuhr mit dem Staubsauger / Zwischen den bunten Beeten / Seines Zaubergartens hin und her...« heißt es da in »Die Übung«. Oder anderswo: »...wenn mittags die Schneekönigin / Von den Magnetgebirgen herabfährt...« Oder auch sehr direkt auf das Prinzip hinweisend: »Wie im Märchen sollen etliche Türen / Nicht mehr aufgetan sein...« Und in dem Gedicht »Reisezehrung« gar verwandelt sich die Transitstrecke durch die DDR nach Berlin in eine von den Brüdern Grimm vorgeprägte Gegend:

»Wir sollen den Weg nicht verlassen
Keine Blumen abpflücken, den müden
Wanderer im Wagen nicht aufnehmen, sonst
Schnappt uns der Wolf. Hinter Schildern
Dichtbelaubten Büschen und Bäumen
Hat er Radarfallen aufgestellt und will
Uns schröpfen. Doch wir kennen ihn schon
Und seine weißgepuderten Pfoten.«

So spricht aus schockhafter Erfahrung das noch einmal davongekommene Geißlein, das gebrannte Kind, das Schlimmes wie Gutes durch Märchen versteht und begreift. Und nur wer Märchen für absolute Fantasieprodukte hält, ohne ihren Wirklichkeitskern wahrzunehmen, wird über die ungewöhnliche Verbindung des real existierenden Sozialismus, in dessen Wildnis Sarah Kirsch lange genug gelebt hat, mit dem besagten Wolf unserer Kindheit erstaunt sein. Im Bild des die Unschuld verschlingenden bösen Prinzips stecken mehr Analogiemöglichkeiten, als es sich der wackere Zeitungskonsument träumen läßt.
Eine Folge dieser schriftstellerischen Methode, welche die Atmosphäre fast aller Texte bestimmt, besteht jedenfalls darin, daß den Gedichten zwar keineswegs die Festigkeit der Form, wohl aber jede Härte und Schärfe fehlt. Sie sind ungeheuer sanft. Und in ihrer Sanftheit sprechen sie Erschreckendes, ja, das Schreckliche mit schöner Naivität aus, als bestünde es in Wirklichkeit gar nicht, sondern sei eigentlich eine Erfindung unseres Kollegen Hans Christian Andersen. In dem Gedicht »Erdreich« etwa wird in ebendem Märchenton referiert, was in zunehmendem Tempo unseren Globus ruiniert:

»...mir erscheint
Siebenundzwanzig Rosenstöcke zu retten
Ein versprengter Engel den gelben Kanister
Über die stockfleckigen Flügel geschnallt
Der himmlische Daumen im Gummihandschuh
Senkt das Ventil und es riecht
Für Stunden nach bitteren Mandeln.«

Die Vergiftung von Umwelt durch Insektizide erscheint als »erlesene« Idylle; sogar der »Untäter« mutiert zum (rosenstockrettenden) Engel, dem wir für seine fragwürdige Aktion noch Dank zu schulden meinen. Weniger geneigte Leser könnten annehmen, die Dichterin täusche sich (und uns) über eine Alltagskatastrophe hinweg. Der Geneigte hingegen will und kann in solchem Vexierbild nichts anderes erkennen, als den Zwiespalt der Wirklichkeit selber, wo Retten und Zerstören die beiden Seiten ein und derselben immer noch gültigen Münze sind.
Eine andere Methode des Umganges mit der akuten Gefahr ist die Mittelbarkeit, die literarische Brechung, die Benutzung von Masken. Ein Beispiel dafür ist das Gedicht »Noah Nemo«, das bereits im Titel zwei literarische Bezüge nennt: Die Bibel und Jules Verne. Die Kombination von Noah, dem Retter seiner selbst, seines Clans und aller übrigen Geschöpfe, mit Kapitän Nemo, der ruhelos 20 000 Meilen unter dem Meere kreuzt, zu einer einzigen Gestalt, demonstriert erneut die Ambivalenz von Rettung und Untergang – hält sie aber nicht durch, denn der Schluß trifft die resignierende Feststellung: »Es ist sinnlos auf den Auftrag zu warten.« Kein Gott gibt Noah den Befehl, für das Überleben von

Mensch und Tier zu sorgen, und keine höhere Kommandoleitstelle ordnet Hilfsaktionen an, die Kapitän Nemo durchzuführen hätte: Keine Chance mehr für den Homo sapiens. Doch weil dieser winzige Text so gänzlich auf literarischen Vorgaben beruht und scheinbar gemütlich und gemütvoll mit romantischen Versatzstücken daherkommt (»altmodische Aufbauten«, »seegrasbewachsene einsame Terrassen«, »Mondlicht«), liest ihn der geneigte und mit milder Heimtücke falsch eingestimmte Leser nicht als konsequente Untergangsmeldung. Ihm wird ein Tiefschlag versetzt, dessen Wirkung sich erst später zeigt.
Resignation? O ja. Nur sorglich versteckt hinter farbiger Verbalität und außerdem in einer Syntax, welche die festen Satzgrenzen vermeidet, zumindest verwischt, auf daß die Betroffenheit sich mit Verzögerung einstelle. Ehe man noch das Unvorstellbare und Entsetzen Bereitende bemerkt hat, ist man auf diesen ineinander gleitenden Zeilen schon unversehens weitergeeilt und verspürt den Stachel erst hinterher. Einzig im »Ende des Jahres« wird die Bedrohung im Klartext benannt:

»In diesem Herbst wurden die Atompilze
In den Journalen solch gewöhnlicher Anblick
Daß sich beim Betrachten der Fotografien
Ästhetische Kategorien herzustellen begannen
Die Lage des blauen Planeten war absehbar...«

Durch die Unmittelbarkeit, die den »Atompilzen« den »Probealarm« folgen läßt, die »ABC-Waffen-Warnung« und die »Reden der Militärs«, verliert das Gedicht die beängstigende Eindringlichkeit anderer Verse, von denen man anfangs häufig glaubt, sie kämen nur tändelnd daher. Wie etwa »Erdrauch«, das sich der genauen Bezeichnung für aktuelle Ängste enthält und statt dessen von den »furchtbaren Bilder(n) in den Fernsehgeräten« spricht. Und gerade die Heiterkeit, die fröhliche Alltäglichkeit, die sich hier begibt, erfährt eine um so schlimmere Widerlegung in der letzten Zeile, weil ein, um ein einziges Adjektiv erweitertes Zitat die gewesene Vernichtung mit der künftigen zusammenschließt:

»Wir sind ganz lebendig hüpfen und springen
In den möblierten Wohnungen des Todes.«

Daß ein Gedichtbandtitel von Nelly Sachs benutzt wird, schwächt diesenfalls nicht die Vorahnungen ab, sondern steigert sie eher noch: Was gewesen ist, kann sich stets wiederholen. Wir hausen zu nahe am Abgrund.
Die anfangs erwähnte zweite Komponente von Sarah Kirschs Gedichten stellen ihre Naturbilder dar. Natur, weil die Gegensätze regieren, verbunden mit Unnatur, mit Elementen der Zivilisation – bis in die Doppeldeutigkeit der Worte hinein:

»Wir konnten uns nicht erinnern
An welcher Stelle das Wasser
Hin in den Untergrund ging und seit wann
Wir dieser *Stromleitung* folgten...«

Im Grunde bleibt von der Natur nur noch ihr Anblick, aus dem uns Kraft zukommt, dem Druck der Systeme zu widerstehen, die Last unserer Existenz bis zur nächsten

Ecke weiterzuschleppen. Sie erscheint in Sarah Kirschs Gedichten vor allem visualisiert, als äußere, uns gegenübergestellte Verlockung, als unerreichbares Heil, als der ewig alte fruchtlose Trost.
In »Beginn der Zerstörung« ist die Trennung, die unüberwindliche Kluft von Mensch und Natur in einem »Objet trouvè« thematisiert: »Unbegehbar von Mooren umschlossen / Niemals hat ein Mensch ein vierfüßiges Tier / Diese verhexte Wiese betreten…« – so beginnt das Gedicht, um am Ende davon zu reden, daß nie eine irdische Hand ihre, der Wiese, Blumen fällte, und wir, die Betrachter dieses blühenden, symbolträchtigen Fleckes, »von aller Freude abgeschnitten« seien »durch unser Wünschen«, nämlich uns ihr, dieser Stellvertreterin, hinzugeben, uns in ihr selig zu verlieren. Dieser unerfüllbare, Trauer hervorrufende Wunsch geht über den tatsächlichen Anlaß weit hinaus und bezieht sich auf unser Fremdgewordensein, auf die Unmöglichkeit der Rückkehr in die Natur. Sie steht, fast wie eine Fata Morgana, vor uns, die Vision einer Erlösung, die wir längst verspielt haben. So spricht selbst ein solches, scheinbar »reines« Naturgedicht, wie übrigens die überwältigende Mehrheit aller hier Versammelten, von Abschied. Sie ähneln in ihrer Intensität dem letzten Blick, den man, fortgehend oder wegfahrend, jemandem zuwirft, den man nie wiederzusehen befürchtet. Ein Blick voller Melancholie und Sehnsucht und dem unwiderleglichen Wissen, daß die Trennung wohl endgültig sei. Zugleich verleiht diese Abschiedsgewißheit der Natur ihre unvergeßliche Erscheinungsweise, ihre glanzvolle Autonomie. Doch wer zu Sarah in den Norden hinaufführe, an die Eider, wo sie in der flachen, windüberwältigten

Marsch wohnt, würde anhand jener Texte die Gegend kaum identifizieren können. Wie die Gemälde Emil Noldes uns eine naturmächtige, nicht ganz irdische Welt vermitteln, die man in Seebüll vergeblich sucht, so existieren gleichermaßen in der zu Worte gekommenen Landschaft nicht die trivialen und ärmlichen Fakten, sondern ihre, von einem starken Empfinden und einer bewegten Fantasie transzendierten Abbilder. Was die Dichterin in ihre Umwelt hineinprojiziert, erhält sie echohaft vervielfacht und verfremdet zurück. Darum läßt sich der letzte Satz in »La Pagerie« möglicherweise als Poetik lesen, als Kürzestfassung der kreativen Bindung zwischen Subjekt und Objekt:
»Ein Spiegel mit mir darin, weil sonst niemand da ist.«

Günter Kunert

Inhaltsverzeichnis

CIP-Kurztitelaufnahme der Deutschen Bibliothek

Kirsch, Sarah:
Landwege: e. Ausw. 1980–1985 / Sarah Kirsch.
Mit e. Nachw. von Günter Kunert u. 15 faks. Autogr.
– Stuttgart: Deutsche Verlags-Anstalt, 1985.
ISBN 3-421-06239-0

Typographische Gestaltung, Einband und
Schutzumschlag: Hans Peter Willberg, Eppstein
Gesetzt aus der Walbaum-Antiqua
Satz und Druck: Offizin Chr. Scheufele, Stuttgart
Bindearbeit: G. Lachenmaier, Reutlingen
Printed in Germany